DR. OETKER

RÖMERTOPF

einfach vitaminschonend garen

DR. OETKER

RÖMERTOPF

einfach vitaminschonend garen

CERES

Vorwort

Gesundheitsbewußte Ernährung mit schonend gegarten, fettarmen Speisen, deren Vitamin- und Mineralstoffgehalt bei der Zubereitung weitgehend erhalten bleibt, wer wünscht sich das nicht? In einem RÖMERTOPF® ist das alles kein Problem. Das langsame Erwärmen im Backofen sorgt für eine schonende Zubereitung, die Zutaten „schmoren im eigenen Saft“, so daß keine Nährstoffverluste durch das Abgießen von Kochwasser entstehen. Zudem sind die Gerichte auch noch mühelos und gut vorzubereiten. Von Suppen und Eintöpfen über Gemüse-, Fisch- und Fleischgerichte bis hin zu süßen Sachen, alles ist im RÖMERTOPF® möglich.

Abkürzungen

EL = Eßlöffel
TL = Teelöffel
Msp. = Messerspitze
Pck. = Packung / Päckchen
g = Gramm
kg = Kilogramm
ml = Milliliter
l = Liter
evtl. = eventuell
geh. = gehäuft
gestr. = gestrichen
TK = Tiefkühlprodukt
°C = Grad Celsius
Ø = Durchmesser
E = Eiweiß
F = Fett
Kh = Kohlenhydrate
kcal = Kilokalorien
kJ = Kilojoule

Hinweise zu den Rezepten

Die Rezepte sind – wenn nicht anders angegeben – für 4 Personen berechnet.
Beachten Sie bei Gasherden die Gebrauchsanweisung des Herstellers.
Der RÖMERTOPF® muß vor Benutzung immer gewässert werden. Es dürfen keine heißen Flüssigkeiten in den kalten und keine kalten Flüssigkeiten in den heißen RÖMERTOPF® gefüllt werden.
Beachten Sie auch die Gebrauchsanweisung des Herstellers.

Zubereitungszeiten

Wenn nicht anders angegeben, beinhaltet die Zubereitungszeit sowohl Vorbereitungszeit, eigentliche Zubereitung, Kühlzeit, als auch die Gar- oder Backzeit. Besonders lange Wartezeiten, wie z. B. Einweichzeiten sind nicht mit einbezogen.

RÖMERTOPF®
RÖMERTOPF
RÖMERTOPF

Kapitelübersicht

Kapitelübersicht

Suppen & Eintöpfe

Mexikanische Hühnersuppe

Zutaten
1 junges Suppenhuhn oder Hähnchen (etwa 1 kg)
2–3 Knoblauchzehen
120 g Zwiebeln
2–3 rote Chilischoten
1 TL Korianderkörner
1 1/2 l Gemüsebrühe
100 g Kartoffeln
500 g enthäutete Tomaten
2 reife Avocados (je 200 g)
Salz
frisch gemahlener Pfeffer
2–3 EL Zitronensaft
1 EL gehackte Petersilie
150 g saure Sahne

Zubereitungszeit:
etwa 90 Minuten

Pro Portion:
E: 31 g, F: 48 g, Kh: 16 g, kJ: 2764, kcal: 661

RAFFINIERT

1 Das Hähnchen kalt abspülen, trockentupfen und mit der Geflügelschere der Länge nach halbieren. Knoblauch und Zwiebeln abziehen und halbieren. Chilischoten waschen, längs aufschneiden und entkernen.

2 Hähnchen, Zwiebeln, Knoblauch, Chilischoten, Koriander und Gemüsebrühe in den gewässerten Römertopf geben. Den Topf mit dem Deckel verschließen und auf dem Rost in den kalten Backofen schieben.

Ober-/Unterhitze: etwa 200 °C
Heißluft: etwa 180 °C
Gas: etwa Stufe 3
Garzeit: etwa 70 Minuten

3 Kartoffeln waschen, schälen und abspülen. Tomaten vierteln, Stengelansätze herausschneiden, Tomaten entkernen.

4 Die Hähnchenhälften aus der Suppe nehmen und etwas abkühlen lassen. Suppe durch ein feines Sieb geben, entfetten und wieder in den Römertopf gießen.

5 Die Hähnchenhälften häuten. Das Fleisch von den Knochen lösen, in Würfel schneiden und in die Suppe geben. Kartoffeln grob in die Suppe reiben. Tomatenviertel dazugeben. Die Suppe ohne Deckel 10 Minuten im Ofen erhitzen.

6 Avocados längs halbieren, schälen, Steine entfernen und die Hälften in Scheiben schneiden. Suppe mit Salz, Pfeffer und Zitronensaft würzen, Avocadoscheiben hineingeben, mit Petersilie bestreuen und mit saurer Sahne servieren.

Gelbe Mungobohnensuppe mit Curry

Zutaten

175 g geschälte Mungobohnen (aus dem Asialaden)
1 Knoblauchzehe
1 Zwiebel
1 Stange Porree (Lauch)
750 ml (3/4 l) heiße Gemüsebrühe
1 EL Currypulver
1/2 TL Paprikapulver edelsüß
1/4 TL gemahlener Kreuzkümmel
Salz
1/2 TL frisch gemahlener Pfeffer
3 EL Rosinen
2 EL Tomatenmark
1 Bund glatte Petersilie
evtl. etwas Gemüsebrühe

Zubereitungszeit:
50 Minuten

Pro Portion:
E: 12 g, F: 2 g, Kh: 32 g,
kJ: 879, kcal: 210

SCHNELL

1 Mungobohnen kalt abspülen und in den gewässerten Römertopf geben. Knoblauch und Zwiebel abziehen und fein würfeln. Porree putzen, halbieren, waschen und in Streifen schneiden.

2 Die drei Zutaten in einen Topf geben. Die Gemüsebrühe dazugießen und Curry, Paprika, Kreuzkümmel, Salz, Pfeffer, Rosinen und Tomatenmark unterrühren.

3 Alles auf die Mungobohnen in den Römertopf gießen. Den Topf mit dem Deckel verschließen und auf dem Rost in den kalten Backofen schieben.

Ober-/Unterhitze: etwa 220 °C
Heißluft: etwa 200 °C
Gas: Stufe 4–5
Garzeit: etwa 40 Minuten

4 Die Petersilie abspülen, trockentupfen, die Blättchen abzupfen und fein hacken.

5 Die fertige Suppe umrühren, nochmals abschmecken, evtl. noch etwas Gemüsebrühe hinzufügen. Die Suppe mit Petersilie bestreuen.

Tip: *Nach Belieben 1 enthäutete, entkernte Tomate in Würfel schneiden und unterheben.*

Fischeintopf mit Gemüse

Zutaten

120 g Naturreis (Vollkornreis)
600 ml kochendes Wasser
250 g Möhren
250 g Porree (Lauch)
250 g Staudensellerie
2–3 Knoblauchzehen
1 Gemüsezwiebel (300 g)
1–2 Pck. Safran
1 Glas Fischfond (400 ml)
1 Pck. (400 g) TK-Fischfilet, z. B. Kabeljau- oder Rotbarschfilet
8 Scheiben Baguette
20 g Kräuterbutter
Salz
frisch gemahlener Pfeffer

Zubereitungszeit:
100 Minuten

Pro Portion:
E: 29 g, F: 5 g, Kh: 50 g,
kJ: 1592, kcal: 380

FÜR GÄSTE

1 Reis mit dem kochenden Wasser übergießen und etwa 30 Minuten quellen lassen.

2 In der Zwischenzeit Möhren putzen, schälen und waschen. Porree putzen und waschen. Staudensellerie putzen, waschen und die harten Außenfäden abziehen. Möhren und Sellerie schräg in Scheiben, Porree schräg in Ringe schneiden. Knoblauch und Zwiebel abziehen. Zwiebel würfeln, Knoblauch in Scheiben schneiden.

3 Das vorbereitete Gemüse mit Safran, Fischfond und Reis mit dem Einweichwasser in den gewässerten Römertopf geben und umrühren. Den Topf mit dem Deckel verschließen und auf dem Rost in den kalten Backofen schieben.

Ober-/Unterhitze: etwa 200 °C
Heißluft: etwa 180 °C
Gas: etwa Stufe 4
Garzeit: etwa 60 Minuten

4 Inzwischen das Fischfilet antauen lassen. Die Baguettescheiben mit Kräuterbutter bestreichen. Den Fisch in Scheiben schneiden.

5 Nach Beendigung der Garzeit den Eintopf mit Salz und Pfeffer würzen, die Fischscheiben unterheben und das Brot darauflegen. Den Eintopf ohne Deckel überbacken.

Ober-/Unterhitze: etwa 230 °C
Heißluft: etwa 200 °C
Gas: etwa Stufe 5
Überbackzeit: 3–5 Minuten.

Zucchini-Kartoffel-Suppe

Zutaten

300 g mehligkochende Kartoffeln
150 g Zwiebeln
300 g Zucchini
750 ml (3/4 l) Gemüsebrühe
200 g Eismeergarnelen (ohne Schale)
1 Pck. (50 g) Hummer-Suppen-Paste
200 ml Schlagsahne
Salz
frisch gemahlener Pfeffer
Cayennepfeffer
1/2 Topf Basilikum

Zubereitungszeit:
90 Minuten

Pro Portion:
E: 13 g, F: 17 g, Kh: 28 g,
kJ: 1294, kcal: 308

FÜR GÄSTE

1 Die Kartoffeln waschen, schälen, abspülen und in Würfel schneiden. Die Zwiebeln abziehen und würfeln. Die Zucchini putzen, waschen und würfeln.

2 Zwiebeln, Kartoffeln, Zucchini und 500 ml (1/2 l) der Brühe in den gewässerten Römertopf geben. Den Topf mit dem Deckel verschließen und auf dem Rost in den kalten Backofen schieben.

Ober-/Unterhitze: etwa 200 °C
Heißluft: etwa 180 °C
Gas: etwa Stufe 3
Garzeit: etwa 60 Minuten

3 In der Zwischenzeit die Garnelen kalt abspülen und abtropfen lassen. Nach etwa 40 Minuten Garzeit die Suppe aus dem Römertopf in ein hohes Gefäß füllen und mit dem Schneidstab pürieren.

4 Suppe, Suppenpaste, Sahne und restliche Gemüsebrühe wieder in den Römertopf geben. Die Suppe mit Salz, Pfeffer und Cayennepfeffer würzen.

5 Die abgetropften Garnelen dazugeben. Den Topf ohne Deckel in den Backofen schieben und die Suppe weitere 20 Minuten garen.

6 Die Basilikumblätter von den Stielen zupfen, abspülen, trockentupfen und in Streifen schneiden. Vor dem Servieren die Suppe damit bestreuen.

Tip: *Dazu paßt geröstetes Knoblauchbaguette.*

Bunte Graupensuppe

1 Die Suppenknochen unter fließendem kaltem Wasser abspülen, abtropfen lassen und mit Wasser und Lorbeerblättern in den gewässerten Römertopf geben. Den Topf mit dem Deckel verschließen und auf dem Rost in den kalten Backofen schieben.

Ober-/Unterhitze: etwa 220 °C
Heißluft: etwa 200 °C
Gas: etwa Stufe 5
Garzeit: etwa 100 Minuten

2 Nach etwa 60 Minuten Garzeit die Graupen zugeben und bei geschlossenem Topf weitere 30 Minuten garen.

3 In der Zwischenzeit das Suppengrün putzen, waschen und in Stücke schneiden. Nach etwa 90 Minuten Garzeit die Knochen aus der Brühe nehmen, das vorbereitete Suppengrün und die Erbsen hineingeben und mit aufgelegtem Deckel weitere 10 Minuten garen lassen.

4 Das Rinderfilet unter fließendem kalten Wasser abspülen, trockentupfen, enthäuten und in sehr dünne Scheiben schneiden.

5 Die fertige Suppe mit Salz, Pfeffer und Muskat abschmecken und auf Teller verteilen. Auf jeden Teller einige Filetscheiben geben und mit Petersilie bestreuen.

Zutaten

500 g Suppenknochen
1 1/2 l kaltes Wasser
2 Lorbeerblätter
75 g Graupen
1–2 Bund Suppengrün
100 g TK-Erbsen
Salz
frisch gemahlener Pfeffer
geriebene Muskatnuß
150 g Rinderfilet
gehackte Petersilie

Zubereitungszeit:
2 Stunden

Pro Portion:
E: 15 g, F: 3 g, Kh: 22 g,
kJ: 729, kcal: 174

RAFFINIERT

Steckrübeneintopf

Zutaten

1 Steckrübe (etwa 1 kg)
600 g Schweinenacken (ohne Knochen)
120 g Zwiebeln
1 Bund Thymian
500 ml (1/2 l) Gemüsebrühe
250 ml (1/4 l) Weißwein
250 g Möhren
250 g säuerliche Äpfel (z. B. Elstar)
Currypulver
Salz
frisch gemahlener Pfeffer
50 g Butterschmalz
etwas abgeriebene Zitronenschale (unbehandelt)

Zubereitungszeit:
2 Stunden

Pro Portion:
E: 33 g, F: 34 g, Kh: 16 g, kJ: 2394, kcal: 570

RAFFINIERT

1 Die Steckrübe waschen, je nach Größe vierteln oder achteln, schälen, abspülen und in dünne Scheiben schneiden. Das Fleisch unter fließendem kaltem Wasser abspülen, trockentupfen und in Würfel schneiden.

2 Zwiebeln abziehen und in Spalten schneiden. Thymian abspülen, trockentupfen und die Blättchen von den Stengeln zupfen.

3 Fleischwürfel, Steckrübenscheiben, Zwiebelspalten und Thymianblättchen (einige Blättchen zum Garnieren zurücklassen) in den gewässerten Römertopf geben. Gemüsebrühe und Weißwein hinzufügen. Den Topf mit dem Deckel verschließen und auf dem Rost in den kalten Backofen schieben.

Ober-/Unterhitze: 200–220 °C
Heißluft: 180–200 °C
Gas: Stufe 4–5
Garzeit: 80–90 Minuten

4 In der Zwischenzeit Möhren putzen, schälen, waschen und in dünne Scheiben schneiden. Äpfel waschen, vierteln, entkernen und in Spalten schneiden.

5 Nach etwa 60 Minuten Garzeit den Eintopf mit Salz, Pfeffer und Curry würzen, Möhrenscheiben und Apfelspalten unterrühren und Butterschmalz in Flöckchen auf den Eintopf geben. Den Eintopf ohne Deckel fertiggaren.

6 Den garen Eintopf mit Salz, Pfeffer und Zitronenschale abschmecken und mit den zurückgelassenen Thymianblättchen garnieren.

Gutshof Pott

Zutaten

400 g Kartoffeln
2 Zwiebeln
2 Stangen Porree (Lauch)
1/2 Kopf Wirsing (etwa 500 g)
je 1/2 rote und grüne Paprikaschote
1/2 Rettich (etwa 250 g)
600 g Schweinefleisch (aus der Keule)
3 EL Speiseöl
Salz
frisch gemahlener Pfeffer
125 ml (1/8 l) Gemüsebrühe
3 enthäutete Tomaten
gerebelter Thymian
1 Bund glatte Petersilie
75 g Schafskäse

Zubereitungszeit:
100 Minuten

Pro Portion:
E: 44 g, F: 17 g, Kh: 25 g,
kJ: 1828, kcal: 436

FÜR GÄSTE

1 Kartoffeln waschen, schälen, abspülen und in Scheiben schneiden. Zwiebeln abziehen, in Scheiben schneiden. Porree putzen, halbieren, waschen und in Streifen schneiden. Wirsing putzen, halbieren, den Strunk herausschneiden, den Wirsing abspülen und in Streifen schneiden.

2 Paprika vierteln, entkernen, die weißen Scheidewände entfernen, die Schoten waschen und in Streifen schneiden. Rettich putzen, schälen, waschen und in Stifte schneiden. Das Fleisch unter fließendem kaltem Wasser abspülen, trockentupfen und in kleine Würfel schneiden.

3 Öl in den gewässerten Römertopf geben, darauf Kartoffelscheiben und Paprikastreifen geben und mit Salz und Pfeffer bestreuen. Fleischstücke darauf geben, salzen und pfeffern, Porree- und Wirsingstreifen und Rettichstifte darauf geben und mit Salz und Pfeffer bestreuen.

4 Die Gemüsebrühe darauf geben. Den Römertopf mit dem Deckel verschließen und auf dem Rost in den kalten Backofen schieben.

Ober-/Unterhitze: etwa 200 °C
Heißluft: etwa 180 °C
Gas: Stufe 3–4
Garzeit: etwa 60 Minuten

5 In der Zwischenzeit Tomaten vierteln, die Stengelansätze herausschneiden, die Tomaten in Stücke schneiden, nach Beendigung der Garzeit zu den Zutaten in den Römertopf geben, unterrühren und mit Salz, Pfeffer und Thymian abschmecken. Den Eintopf noch 10 Minuten im abgeschalteten, noch warmen Backofen ziehen lassen.

6 Petersilie abspülen, trockentupfen, die Blättchen abzupfen und hacken. Schafskäse etwas zerbröckeln und mit der Petersilie auf den fertigen Eintopf geben.

Cassoulet

Zutaten

250 g weiße Bohnen
100 g durchwachsener Speck, in Scheiben
500 g Lamm- oder Schweinefleisch, z. B. aus der Schulter
4 Hähnchenkeulen (je etwa 150 g)
2 Möhren
4 Tomaten
2 Zwiebeln
2 Knoblauchzehen
je 2 Zweige Majoran, Thymian, Rosmarin, Petersilie
1 Lorbeerblatt
1 Stange Porree (Lauch)
100 ml Weißwein
250 ml (1/4 l) Gemüsebrühe
2 EL Semmelbrösel
20 g Butter

Zubereitungszeit:
2 1/2 Stunden, ohne Einweichzeit

Pro Portion:
E: 65 g, F: 38 g, Kh: 18 g, kJ: 3113, kcal: 743

DAUERT LÄNGER

1 Die Bohnen über Nacht in Wasser einweichen lassen.

2 Die Speckscheiben in den gewässerten Römertopf legen. Das Lamm- oder Schweinefleisch und die Hähnchenkeulen unter fließendem kaltem Wasser abspülen und trockentupfen. Das Lamm- oder Schweinefleisch in Würfel schneiden.

3 Möhren putzen, schälen, waschen und in Scheiben schneiden. Tomaten waschen, die Stengelansätze herausschneiden und die Tomaten in Scheiben schneiden. Zwiebeln abziehen und würfeln. Knoblauch abziehen und durch die Knoblauchpresse drücken. Die Zutaten mit den Fleischwürfeln und Hähnchenkeulen vermischen und in den Römertopf geben.

4 Kräuter abspülen, trockentupfen, mit dem Lorbeerblatt zu einem Strauß zusammenbinden und auf Gemüse und Fleisch legen. Porree putzen, waschen und ebenfalls darauflegen.

5 Weißwein und Gemüsebrühe hinzufügen. Den Römertopf mit dem Deckel verschließen und auf dem Rost in den kalten Backofen schieben.

Ober-/Unterhitze: etwa 200 °C
Heißluft: etwa 180 °C
Gas: Stufe 3–4
Garzeit: etwa 2 Stunden

6 Nach Beendigung der Garzeit das Kräutersträußchen und den Porree entfernen, das Cassoulet mit Semmelbröseln bestreuen, Butter in Flöckchen darauf setzen und alles kurz nochmals bei gleicher Temperatur ohne Deckel im Backofen überbacken.

Lammeintopf mit Couscous

1 Safran, Paprika, Zimt und Piment mischen, das Lammgulasch darin wenden, mit Öl beträufeln und etwa 30 Minuten marinieren.

2 Zwiebel abziehen, halbieren und in grobe Würfel schneiden. Möhren putzen, schälen, waschen und in dicke Scheiben schneiden. Staudensellerie putzen, waschen, die harten Außenfäden abziehen und die Stangen in etwa 3–4 cm lange Stücke schneiden.

3 Das Fleisch salzen. Zwiebel, Fleisch und kaltes Wasser in den gewässerten Römertopf geben. Den Topf mit dem Deckel verschließen und auf dem Rost in den kalten Backofen schieben.

Ober-/Unterhitze: etwa 220 °C
Heißluft: etwa 200 °C
Gas: Stufe 4–5
Garzeit: etwa 60 Minuten

4 Nach etwa 30 Minuten Garzeit Möhren, Staudensellerie und Couscous zum Fleisch geben und mit dem heißen Wasser auffüllen. Den Topf mit dem Deckel verschließen und den Eintopf weitere 30 Minuten garen lassen.

5 Tomaten waschen, achteln, Stengelansätze herausschneiden, die Achtel in den Eintopf geben und den Römertopf weitere 5 Minuten in den ausgeschalteten Backofen stellen. Den garen Eintopf mit Salz abschmecken.

Tip: *Der Eintopf kann auch mit Rindfleisch zubereitet werden.*

Zutaten

1 Tüte (2 g) Safran
1–2 TL Paprikapulver rosenscharf
1–2 TL gemahlener Zimt
1 Msp. gemahlener Piment
700 g Lammgulasch
3 El Speiseöl
1 Gemüsezwiebel (300 g)
300 g Möhren
300 g Staudensellerie
Salz
500 ml (1/2 l) kaltes Wasser
100 g Couscous (vorgegarter, grober Weizengrieß)
500 ml (1/2 l) heißes Wasser
200 g Tomaten

Zubereitungszeit:
2 1/4 Stunden

Pro Portion:
E: 37 g, F: 33 g, Kh: 16 g, kJ: 2219, kcal: 531

ETWAS TEURER

Queller Topf

Zutaten

600 g Kartoffeln
40 g weiche Butter
2 Zwiebeln
75 g durchwachsener Speck
Salz
frisch gemahlener Pfeffer
500 g Schweinefilet
gerebelter Liebstöckel
3 Tomaten
3 Gewürzgurken
125 ml (1/8 l) Gemüsebrühe
30 g Semmelbrösel
50 g geriebener Emmentaler

Zubereitungszeit:
80 Minuten

Pro Portion:
E: 38 g, F: 27 g, Kh: 31 g,
kJ: 2242, kcal: 535

FÜR KINDER

1 Die Kartoffeln waschen, in Wasser zum Kochen bringen, in 20–25 Minuten gar kochen lassen, abgießen, pellen und in Scheiben schneiden.

2 Die Butter in den gewässerten Römertopf geben. Die Zwiebeln abziehen und fein würfeln. Den Speck in Würfel schneiden. Zwiebel- und Speckwürfel in den Römertopf geben, die Kartoffelscheiben darauf geben und mit Salz und Pfeffer bestreuen.

3 Das Schweinefilet unter fließendem kaltem Wasser abspülen, trockentupfen, in 2 cm dicke Scheiben schneiden und schuppenartig auf die Kartoffelscheiben legen. Mit Salz, Pfeffer und Liebstöckel bestreuen.

4 Tomaten kurze Zeit in kochendes Wasser legen (nicht kochen lassen), in kaltem Wasser abschrecken, enthäuten, vierteln, entkernen, die Stengelansätze herausschneiden und die Tomaten in Stücke schneiden. Die Gurken in Scheiben schneiden. Beide Zutaten über das Filet geben.

5 Die Gemüsebrühe darübergeben und mit Semmelbröseln und Käse bestreuen. Den Römertopf mit dem Deckel verschließen und auf dem Rost in den kalten Backofen schieben.

Ober-/Unterhitze: etwa 200 °C
Heißluft: etwa 180 °C
Gas: Stufe 3–4
Garzeit: etwa 45 Minuten

Gemüse

Mexikanisches Maisgemüse

Zutaten
4 Maiskolben (je 200 g)
1–2 Chilischoten
500 g Möhren
220 g kleine Zwiebeln
1–2 Knoblauchzehen
750 ml (3/4 l) Gemüsebrühe
2 grüne Paprikaschoten (je 150 g)
1 Bund Koriander
Salz
frisch gemahlener Pfeffer
Paprikapulver rosenscharf

Zubereitungszeit:
100 Minuten

Pro Portion:
E: 22 g, F: 10 g, Kh: 142 g, kJ: 3287, kcal: 784

VEGETARISCH

1 Die Maiskolben putzen, waschen und quer vierteln. Chilischoten waschen und in breite Stücke schneiden.

2 Möhren putzen, schälen, waschen und in dicke Scheiben schneiden. Zwiebeln abziehen und in Spalten schneiden. Knoblauch abziehen und in Scheiben schneiden.

3 Maiskolben, Chilischoten, Möhren, Zwiebeln und Knoblauch mit der Brühe in den gewässerten Römertopf geben. Den Topf mit dem Deckel verschließen und auf dem Rost in den kalten Backofen schieben.

Ober-/Unterhitze: etwa 220 °C
Heißluft: etwa 200 °C
Gas: Stufe 4–5
Garzeit: etwa 75 Minuten

4 In der Zwischenzeit Paprika halbieren, entstielen, entkernen, die weißen Scheidewände entfernen, die Schoten waschen und in grobe Würfel schneiden. Die Paprikawürfel nach etwa 60 Minuten Garzeit in den Topf geben und alles zugedeckt fertiggaren.

5 Koriander abspülen, trockentupfen, die Blättchen von den Stengeln zupfen und grob hacken. Das Maisgemüse mit Salz, Pfeffer und Paprika würzen und mit dem Koriander bestreuen.

Tip: *Dazu passen fertig gekaufte Tortillas.*

Ratatouille

Zutaten

300 g Gemüsezwiebeln
600 g Auberginen
600 g kleine Zucchini
600 g Flaschentomaten
je 1 grüne und rote Paprikaschote
2 Knoblauchzehen
100 g schwarze Oliven
Salz
frisch gemahlener Pfeffer
Kräuter der Provence
50 g Pinienkerne

Zubereitungszeit:
80 Minuten

Pro Portion:
E: 10 g, F: 11 g, Kh:20 g,
kJ: 924, kcal: 223

FÜR GÄSTE

1 Die Gemüsezwiebeln abziehen und in Scheiben schneiden. Die Auberginen waschen, die Enden abschneiden, Auberginen längs halbieren und in 2 cm dicke Scheiben schneiden. Die Zucchini waschen, abtrocknen, die Enden abschneiden und die Zucchini in Scheiben schneiden.

2 Die Tomaten kurze Zeit in kochendes Wasser legen (nicht kochen lassen), in kaltem Wasser abschrecken, enthäuten, die Stengelansätze herausschneiden, die Tomaten entkernen und in Stücke schneiden.

3 Die Paprika halbieren, entstielen, entkernen, die weißen Scheidewände entfernen, die Schoten waschen und in mundgerechte Stücke schneiden. Knoblauch abziehen und sehr fein würfeln oder durch die Presse geben.

4 Das vorbereitete Gemüse mit den Oliven vermengen, alles in den gewässerten Römertopf geben und mit Salz, Pfeffer und Kräutern der Provence bestreuen. Den Topf mit dem Deckel verschließen und auf dem Rost in den kalten Backofen schieben.

Ober-/Unterhitze: etwa 200 °C
Heißluft: etwa 180 °C
Gas: Stufe 3–4
Garzeit: etwa 50 Minuten

5 Die Pinienkerne in einer Pfanne ohne Fett hellbraun rösten, über das Ratatouille geben und servieren.

Tip: *Die Oliven nach Belieben vorher entsteinen.*

Gemüseeintopf

Zutaten
1 Bund Suppengemüse
200 g Kartoffeln
2 Kohlrabi (je 300 g)
250 g Schneidebohnen
2 Lorbeerblätter
1 TL weiße Pfefferkörner
3 Gewürznelken
2 Gläser (je 400 ml) Gemüsefond oder Gemüsebrühe
500 ml (½ l) kaltes Wasser
250 g grüner Spargel
½ Bund Kerbel
½ Bund glatte Petersilie
Salz
4 Eier
frisch gemahlener Pfeffer

Zubereitungszeit:
2 Stunden

Pro Portion:
E: 17 g, F: 9 g, Kh: 24 g,
kJ: 1067, kcal: 255

VEGETARISCH

1 Suppengemüse putzen und waschen. Möhren und Petersilienwurzel schälen und in Scheiben schneiden. Sellerie schälen und würfeln. Porree in Ringe schneiden.

2 Kartoffeln waschen, schälen und würfeln. Kohlrabi schälen und in Streifen schneiden. Bohnen waschen, putzen und schräg in 2 cm lange Stücke schneiden.

3 Lorbeerblätter, Pfefferkörner und Gewürznelken in einen Teefilter oder Mulltuch geben und mit Küchengarn zubinden. Das vorbereitete Gemüse, Gewürzbeutel, Gemüsefond oder -brühe und Wasser in den gewässerten Römertopf geben. Den Topf mit dem Deckel verschließen und auf dem Rost in den kalten Backofen schieben.

Ober-/Unterhitze: etwa 200 °C
Heißluft: etwa 180 °C
Gas: etwa Stufe 4
Garzeit: etwa 50 Minuten

4 In der Zwischenzeit Spargel im unteren Drittel schälen, die unteren Enden abschneiden und den Spargel abspülen. Spargel in etwa 4 cm lange Stücke schneiden, nach etwa 20 Minuten Garzeit zu dem Gemüse geben und den Eintopf im geschlossenen Topf fertiggaren.

5 Kerbel und Petersilie abspülen, trockentupfen, die Blättchen von den Stengeln zupfen und hacken (einige Blättchen zum Garnieren zurücklassen).

6 Nach Beendigung der Garzeit den Gewürzbeutel entfernen, den Gemüseeintopf mit Salz abschmecken und die Kräuter unterheben. Eier aufschlagen, mit einer Kelle in den Eintopf geben und mit den restlichen Kräutern garnieren. Nach Belieben mit Pfeffer bestreuen.

Tip: *Dazu paßt z. B. Schüttelbrot. Nach Belieben vor dem Servieren 3 Eßlöffel kaltgepreßtes Olivenöl unter den Eintopf mischen.*

Buntes Bohnengemüse

Zutaten

- 600 g grüne Bohnen
- 250 g Zwiebeln
- 250 g Möhren
- 250 g Rindfleisch
- Salz
- frisch gemahlener Pfeffer
- 125 ml (1/8 l) Gemüsebrühe
- 350 g Tomaten
- gerebeltes oder frisches Bohnenkraut

Zubereitungszeit:
2 Stunden

Pro Portion:
E: 18 g, F: 8 g, Kh: 14 g, kJ: 911, kcal: 217

RAFFINIERT

1 Von den Bohnen die Enden abschneiden, die Bohnen evtl. abfädeln, waschen und in Stücke schneiden oder brechen. Die Zwiebeln abziehen, halbieren und in Scheiben schneiden. Die Möhren putzen, schälen, waschen und in Scheiben oder Stifte schneiden.

2 Das Rindfleisch unter fließendem kaltem Wasser abspülen, trockentupfen und in etwa 1 1/2 cm große Würfel schneiden. Die Fleischwürfel mit dem vorbereiteten Gemüse vermengen, in den gewässerten Römertopf geben und mit Salz und Pfeffer bestreuen.

3 Die Gemüsebrühe dazugeben, den Römertopf mit dem Deckel verschließen und auf dem Rost in den kalten Backofen schieben.

Ober-/Unterhitze: etwa 200 °C
Heißluft: etwa 180 °C
Gas: Stufe 3–4
Garzeit: 80–90 Minuten

4 In der Zwischenzeit Tomaten kurze Zeit in kochendes Wasser legen (nicht kochen lassen), in kaltem Wasser abschrecken, enthäuten, die Stengelansätze entfernen und die Tomaten in Stücke schneiden.

5 Nach etwa 75 Minuten Garzeit die Tomaten dazugeben, umrühren, mit Salz, Pfeffer und Bohnenkraut würzen. Das Bohnengemüse fertiggaren, umrühren und abschmekken.

Tip: *Das Rindfleisch durch Lammfleisch aus der Keule oder, als fleischlose Variante, durch 250 g in Scheiben geschnittene Zucchini ersetzen.*

Gefüllte Auberginen

Zutaten

4 Auberginen (je 200 g)
Salz
150 g Porree (Lauch)
$^{1}/_{2}$ Glas (etwa 140 g) getrocknete Tomaten
200 g Vollkornreis
2–3 TL Kräuter der Provence
500 ml ($^{1}/_{2}$ l) Gemüsebrühe
Salz
frisch gemahlener Pfeffer
Paprikapulver rosenscharf
2 Dosen (je 425 ml) Pizzatomaten

Zubereitungszeit:
2 Stunden

Pro Portion:
E: 9 g, F: 3 g, Kh: 48 g, kJ: 1123, kcal: 267

VEGETARISCH

1 Auberginen putzen, waschen und der Länge nach halbieren. Das Fruchtfleisch kreuzweise einritzen, dabei rundherum einen etwa 1 cm breiten Rand lassen. Die Auberginenhälften salzen und 30 Minuten durchziehen lassen.

2 Porree putzen, die Stangen längs halbieren, waschen und in halbe Ringe schneiden. Getrocknete Tomaten abtropfen lassen, dabei das Öl auffangen und 2 Eßlöffel davon in einem Topf erhitzen.

3 Die Tomaten hacken und mit Porree, Reis und 1 Teelöffel der Kräuter in dem erhitzten Öl andünsten. Mit Brühe ablöschen und zugedeckt bei milder Hitze etwa 25 Minuten dünsten.

4 Auberginenhälften umdrehen, abtropfen lassen, das Fruchtfleisch (bis auf den markierten Rand) auslösen und würfeln. Reis mit Salz, Pfeffer und Paprika würzen und in die Auberginen füllen.

5 Pizzatomaten, Auberginenwürfel und restliche Kräuter mischen und in den gewässerten Römertopf füllen. Die gefüllten Auberginen daraufsetzen. Den Römertopf mit dem Deckel verschließen und auf dem Rost in den kalten Backofen schieben.

Ober-/Unterhitze: etwa 200 °C
Heißluft: etwa 180 °C
Gas: etwa Stufe 3
Garzeit: etwa 60 Minuten

6 Die Tomatenmasse durch ein Sieb streichen und mit Salz, Pfeffer und Paprika würzen. Auberginen mit der Tomatensauce anrichten.

Tip: *Das Rezept läßt sich auch gut für 2 Portionen zubereiten. Dafür die Zutatenmengen halbieren und evtl. in einem kleinen Römertopf zubereiten.*

Rosmarinkartoffeln mit Schmandsauce

Zutaten

800 g kleine, mehligkochende Kartoffeln
1 Topf Rosmarin
250 g Schmand (Sauerrahm) oder Crème fraîche
1 TL körniger Senf
3–4 EL Schlagsahne
Salz
frisch gemahlener Pfeffer
2 EL gehackte Kräuter, z. B. Petersilie, Schnittlauch

Zubereitungszeit:
70 Minuten

Pro Portion:
E: 6 g, F: 24 g, Kh: 33 g, kJ: 1617, kcal: 386

VEGETARISCH

1 Die Kartoffeln unter fließendem kaltem Wasser gründlich abbürsten und kreuzweise einschneiden. Rosmarin abspülen, die Nadeln und die kleinen Spitzen abschneiden und mit den Kartoffeln in den gewässerten Kartoffelröster geben.

2 Den Kartoffelröster auf dem Rost in den kalten Backofen schieben.

Ober-/Unterhitze: etwa 200 °C
Heißluft: etwa 180 °C
Gas: Stufe 3–4
Garzeit: 50–60 Minuten

3 Für die Schmandsauce Schmand oder Crème fraîche mit Senf, Sahne, Salz und Pfeffer verrühren, Kräuter unterrühren und zu den Kartoffeln servieren.

Tip: *Zu den Rosmarinkartoffeln paßt auch gerösteter Knoblauch. Dazu 1 Knoblauchknolle von der dünnen Außenhaut befreien, die Spitzen der Zehen abschneiden, das „Wurzelende" der Knolle gerade schneiden und die Knolle mit dem Wurzelende nach unten auf das Unterteil des Knoblauchrösters stellen. Die Knolle mit 4 Tropfen Olivenöl beträufeln und mit Salz, Pfeffer und Oregano bestreuen. Den Knoblauchröster mit dem Deckel verschließen und bei der oben angegebenen Temperatur etwa 30 Minuten rösten. Die gare Knolle aus dem Röster herausnehmen, die Zehen aus der Haut drücken und zu den Kartoffeln servieren.*

Chicorée im Schinkenmantel

Zutaten
- 500 g Chicorée
- 30 g Weizenmehl
- 250 ml (1/4 l) Schlagsahne
- 50 g geriebener Gouda
- Salz
- geriebene Muskatnuß
- 4 Scheiben gekochter Schinken

Zubereitungszeit:
60 Minuten

Pro Portion:
E: 13 g, F: 27 g, Kh: 10 g,
kJ: 1473, kcal: 352

SCHNELL

1 Den Chicorée putzen, längs halbieren, den Strunk keilförmig (etwa 2 cm tief) herausschneiden und den Chicorée waschen.

2 Mehl mit Sahne glattrühren, Gouda hinzufügen und mit Salz und Muskat abschmecken. Den Chicorée in 4 Portionen teilen und in die Schinkenscheiben einrollen.

3 Die Rollen in den gewässerten Römertopf legen und die Mehl-Käse-Mischung darübergießen. Den Römertopf mit dem Deckel verschließen und auf dem Rost in den kalten Backofen schieben.

Ober-/Unterhitze: 200–220 °C
Heißluft: 180–200 °C
Gas: Stufe 4–5
Garzeit: etwa 45 Minuten

Tip: *Dazu schmecken Petersilienkartoffeln oder Baguette.*

Sauerkraut mit Zwiebeln und Porree

Zutaten
- 500 g Zwiebeln
- 500 g Porree (Lauch)
- 500 g Sauerkraut
- 4 EL Speiseöl
- 125 ml (1/8 l) Gemüsebrühe
- 4 EL Schlagsahne
- 1 Peperoni (aus dem Glas)

1 Die Zwiebeln abziehen und in Scheiben schneiden. Den Porree putzen, die Stangen längs halbieren, waschen und in Scheiben schneiden.

2 Zwiebel- und Porreescheiben mit Sauerkraut und Öl vermengen und in den gewässerten Römertopf geben. Gemüsebrühe hinzugießen. Den Römertopf mit dem Deckel verschließen und auf dem Rost in den kalten Backofen schieben.

Zubereitungszeit:
100 Minuten

Pro Portion:
E: 5 g, F: 18 g, Kh: 12 g,
kJ: 1013, kcal: 241

RAFFINIERT

Ober-/Unterhitze: 200–220 °C
Heißluft: 180–200 °C
Gas: Stufe 4–5
Garzeit: etwa 90 Minuten

3 Die Sahne unter das gare Gemüse rühren. Nach Belieben die Peperoni sehr fein schneiden und unter das Gemüse rühren.

Überbackene Artischocken

Zutaten
4 Artischocken (je etwa 400 g)
3–4 EL Zitronensaft
50 g Butter
70 g geriebener Parmesan
4 EL trockener Weißwein
frisch gemahlener Pfeffer

Zubereitungszeit:
1 3/4 Stunden

Pro Portion:
E: 11 g, F: 15 g, Kh: 18 g,
kJ: 1145, kcal: 273

FÜR GÄSTE

1 Artischocken unter fließendem kalten Wasser abspülen und gut abtropfen lassen. Artischockenstiele abbrechen und die Bruchstellen mit Zitronensaft beträufeln. Die Artischockenblätter mit der Küchenschere rundherum kürzen und ebenfalls mit Zitronensaft beträufeln.

2 Die vorbereiteten Artischocken in den gewässerten Römertopf geben und soviel kaltes Wasser auffüllen, daß die Artischocken knapp bedeckt sind. Den Römertopf mit dem Deckel verschließen und auf dem Rost in den kalten Backofen schieben.

Ober-/Unterhitze: etwa 200 °C
Heißluft: etwa 180 °C
Gas: etwa Stufe 3
Garzeit: etwa 75 Minuten

3 Die Butter in einem Topf zerlassen. Parmesan und Weißwein unterrühren und mit Pfeffer würzen.

4 Nach Beendigung der Garzeit den Kochsud der Artischocken abgießen. Die Buttermischung über die Artischocken geben und die Artischocken ohne Deckel im Backofen noch etwa 10 Minuten überbacken.

Tip: *Dazu passen Knoblauchmayonnaise, Tomatensalat und Baguette.*

Kichererbsencurry mit Mango

Zutaten

- 200 g Kichererbsen
- 30 g Ingwer
- 350 g Knollensellerie
- 2 Bund Frühlingszwiebeln
- 1 EL Currypulver
- 500 ml (1/2 l) Gemüsebrühe
- 150 g Joghurt
- 1 TL gemahlener Kreuzkümmel
- 1/2 TL gemahlener Zimt
- etwas gemahlener Koriander
- Salz
- frisch gemahlener Pfeffer
- 1 reife Mango
- Kerbelblättchen
- 30 g geröstete Sesamsamen

Zubereitungszeit:
90 Minuten, ohne Einweichzeit

Pro Portion:
E: 10 g, F: 9 g, Kh: 33 g,
kJ: 1097, kcal: 262

RAFFINIERT

1 Die Kichererbsen über Nacht in Wasser einweichen. Dann auf einem Sieb abtropfen lassen.

2 Den Ingwer schälen und in kleine Würfel schneiden. Den Sellerie schälen, waschen und in Würfel schneiden. Die Frühlingszwiebeln putzen, waschen und in 3 cm lange Stücke schneiden.

3 Die drei vorbereiteten Zutaten mit den abgetropften Kichererbsen, Curry und Gemüsebrühe in den gewässerten Römertopf geben, mit dem Deckel verschließen. Den Römertopf auf dem Rost in den kalten Backofen schieben.

Ober-/Unterhitze: etwa 220 °C
Heißluft: etwa 200 °C
Gas: Stufe 4–5
Garzeit: etwa 50 Minuten

4 Nach Beendigung der Garzeit den Joghurt unterrühren und das Gericht mit Kreuzkümmel, Zimt, Koriander, Salz und Pfeffer abschmecken.

5 Die Mango schälen, das Fruchtfleisch vom Stein lösen, in Stücke schneiden und unterheben. Den Römertopf schließen und noch etwa 10 Minuten in den ausgeschalteten, noch warmen Backofen stellen.

6 Das Kichererbsencurry mit Kerbelblättchen und Sesam bestreut servieren.

Tip: *Anstelle der Mango können für das Curry auch etwa 250 g Aprikosen oder Pfirsiche verwendet werden.*

Fleisch

Schweinebraten mit Zitronensauce

Zutaten

1 ½ kg Schweinerollbraten (aus der Schulter)
4 EL Sojasauce
2 rote Chilischoten
2 grüne Chilischoten
3–4 Knoblauchzehen
250 ml (¼ l) Wasser
1 Zitrone (unbehandelt)
350 g Staudensellerie
2–3 EL heller Saucenbinder
Salz
frisch gemahlener Pfeffer
2–3 EL Zitronensaft

Zubereitungszeit:
100 Minuten

Pro Portion:
E: 76 g, F: 34 g, Kh: 10 g,
kJ: 2981, kcal: 711

FÜR GÄSTE

1 Das Fleisch unter fließendem kaltem Wasser abspülen, trockentupfen und mit 1 Eßlöffel Sojasauce einreiben.

2 Die Chilischoten putzen, waschen, halbieren und entkernen. Die Knoblauchzehen unabgezogen mit einem Messer flachdrücken und mit Fleisch, Chilischoten, Wasser und der restlichen Sojasauce in den gewässerten Römertopf geben. Den Topf mit dem Deckel verschließen und auf dem Rost in den kalten Backofen schieben.

Ober-/Unterhitze: 200–220 °C
Heißluft: 180–200 °C
Gas: Stufe 4–5
Garzeit: etwa 90 Minuten

3 In der Zwischenzeit die Zitrone waschen, abtrocknen und in Scheiben schneiden. Staudensellerie putzen, waschen und in Scheiben schneiden (das Grün aufbewahren). Nach etwa 60 Minuten Garzeit Zitronen- und Selleriescheiben in den Römertopf geben und alles zugedeckt fertiggaren.

4 Das gare Fleisch aus dem Römertopf nehmen und warm stellen. Die Flüssigkeit durch ein Sieb in einen Topf gießen, zum Kochen bringen und mit Saucenbinder binden. Mit Salz, Pfeffer und Zitronensaft abschmecken.

5 Fleisch in Scheiben schneiden, mit der Sauce anrichten und mit den zurückgelassenen Sellerieblättern garnieren.

Buntes Schweinegulasch

Zutaten

600 g Schweinefleisch
(aus der Keule)
500 g Wirsing
500 g Kartoffeln
250 g Möhren
3 mittelgroße Zwiebeln
Salz
frisch gemahlener, weißer
Pfeffer
1 TL gerebelter Thymian
2 kleine Lorbeerblätter
300–400 ml Fleischbrühe
1 Dose (850 ml) geschälte
Tomaten
evtl. einige Stiele frischer
Thymian

Zubereitungszeit:
2 1/2 Stunden

Pro Portion:
E: 40 g, F: 16 g, Kh: 31 g,
kJ: 1941, kcal: 463

DAUERT LÄNGER

1 Das Schweinefleisch unter fließendem kaltem Wasser abspülen, trockentupfen und in Würfel schneiden. Die groben äußeren Blätter des Wirsings entfernen, den Wirsing vierteln und den Strunk herausschneiden. Die Wirsingviertel abspülen, abtropfen lassen und in große Stücke schneiden.

2 Die Kartoffeln waschen, schälen, abspülen und in große Würfel schneiden. Die Möhren putzen, schälen, waschen und in dicke Scheiben schneiden. Die Zwiebeln abziehen und grob zerkleinern.

3 Alle vorbereiteten Zutaten vermischen, mit Salz, Pfeffer und Thymian kräftig würzen und in den gewässerten Römertopf geben. Lorbeerblätter hinzugeben und die Fleischbrühe darübergießen. Den Topf mit dem Deckel verschließen und auf dem Rost in den kalten Backofen schieben.

Ober-/Unterhitze: etwa 180 °C
Heißluft: etwa 160 °C
Gas: etwa Stufe 3
Garzeit: etwa 2 Stunden

4 In der Zwischenzeit die Tomaten in der Dose etwas zerkleinern. Thymian abspülen, trockentupfen und die Blättchen von den Stengeln zupfen.

5 Nach etwa 60 Minuten Garzeit die Tomaten in den Römertopf geben, umrühren und das Gulasch zugedeckt fertiggaren.

6 Das fertige Gulasch mit Salz und Pfeffer abschmecken und nach Belieben mit Thymianblättchen bestreuen.

Tip: *Dazu passen Salzkartoffeln.*

Schweinebraten mit roten Bohnen

Zutaten

1–1,2 kg Schweinenacken-braten (ohne Knochen)
Salz
frisch gemahlener Pfeffer
150 ml Gemüsebrühe
200 g Zwiebeln
200 g Möhren
500 g Kürbis (ergibt etwa 250 g Kürbisfleisch)
1 gelbe Paprikaschote
1 kleiner Topf Thymian (ersatzweise 2–3 TL gerebelter Thymian)
2 Dosen rote Bohnen (je 250 g Abtropfgewicht)
Paprikapulver rosenscharf
1–2 Lorbeerblätter

Zubereitungszeit:
2 Stunden

Pro Portion:
E: 76 g, F: 27 g, Kh: 46 g, kJ: 3330, kcal: 795

RAFFINIERT

1 Den Nackenbraten unter fließendem kaltem Wasser abspülen, trockentupfen und rundherum mit Salz und Pfeffer einreiben. Den Braten mit der Brühe in den gewässerten Römertopf geben. Den Topf mit dem Deckel verschließen und auf dem Rost in den kalten Backofen schieben.

Ober-/Unterhitze: 200–220 °C
Heißluft: 180–200 °C
Gas: Stufe 4–5
Garzeit: 95–110 Minuten

2 In der Zwischenzeit Zwiebeln abziehen und in Ringe schneiden. Möhren putzen, schälen, waschen und in Scheiben schneiden. Kürbis in schmale Spalten schneiden und schälen. Die Spalten je nach Größe quer halbieren oder dritteln.

3 Paprika vierteln, entstielen, entkernen, die weißen Scheidewände entfernen, die Schoten waschen und quer in Streifen schneiden. Thymianzweige abschneiden, kalt abspülen und trockentupfen. Die Bohnen auf ein Sieb geben, kalt abspülen und abtropfen lassen.

4 Das vorbereitete Gemüse mit den Bohnen mischen und mit Salz, Pfeffer und Paprika würzen und nach etwa 50 Minuten Garzeit mit Lorbeerblättern und der Hälfte des Thymians in den Römertopf geben. Zugedeckt 40–50 Minuten weitergaren. Dann weitere 5–10 Minuten ohne Deckel garen.

5 Den Braten aus dem Topf nehmen und warm stellen. Das Gemüse nach Belieben mit den Gewürzen abschmecken. Den restlichen Thymian in kleine Zweige zupfen. Den Braten aufschneiden, mit dem Gemüse servieren und mit Thymian garnieren.

Tip: *Dazu passen Salzkartoffeln oder Kartoffelpüree.*

Bunter Hackbraten

Zutaten

2 Scheiben Toastbrot
1 Zwiebel
2–3 Möhren
1 Bund Frühlingszwiebeln
1 Dose Gemüsemais (Abtropfgewicht 285 g)
700 g Gehacktes (halb Rind-, halb Schweinefleisch)
75 g Speisequark (10 % Fett)
2 Eier (Größe M)
2–3 TL mittelscharfer Senf
Salz
frisch gemahlener Pfeffer
2 EL gehackte Petersilie
70 g Frühstücksspeck, in dünnen Scheiben
125 ml (1/8 l) Gemüsebrühe
100 g Crème fraîche
1–2 EL dunkler Saucenbinder

Zubereitungszeit:
100 Minuten

Pro Portion:
E: 46 g, F: 66 g, Kh: 78 g, kJ: 3960, kcal: 946

FÜR GÄSTE

1 Das Toastbrot in etwas kaltem Wasser einweichen. Die Zwiebel abziehen und würfeln. Die Möhren putzen, schälen, waschen und in Würfel schneiden. Frühlingszwiebeln putzen, waschen und in dünne Scheiben schneiden. Den Mais in einem Sieb abspülen und abtropfen lassen.

2 Das Toastbrot ausdrücken. Das Gehackte mit Quark, Eiern, Brot, Senf, Salz, Pfeffer und Petersilie verkneten. Das vorbereitete Gemüse untermischen. Die Fleischmasse abschmecken, zu einem Laib formen und in den gewässerten Römertopf legen.

3 Die Fleischmasse mit den Speckscheiben belegen. Den Topf mit dem Deckel verschließen und auf dem Rost in den kalten Backofen schieben.

Ober-/Unterhitze: 200–220 °C
Heißluft: 180–200 °C
Gas: Stufe 4–5
Garzeit: etwa 70 Minuten

4 Etwa 15 Minuten vor Beendigung der Garzeit den Deckel abnehmen und den Hackbraten fertiggaren.

5 Den garen Braten auf eine Platte legen und mit dem Topfdeckel abdecken.

6 Die Garflüssigkeit in einen Topf gießen und mit Gemüsebrühe und Crème fraîche aufkochen. Die Sauce mit dem Saucenbinder nach Packungsaufschrift binden und mit Pfeffer und Senf abschmecken. Den Hackbraten in Scheiben schneiden und mit der Sauce servieren.

Rote Linsen mit Kasseler

Zutaten

500 g rote Linsen
500 ml (1/2 l) Fleischbrühe
4 EL Tomatenmark
750 g Kasseler-Nacken (ohne Knochen)
einige Tropfen Tabascosauce oder 1–2 kleingeschnittene Peperoni (aus dem Glas)

Zubereitungszeit:
75 Minuten

Pro Portion:
E: 37 g, F: 29 g, Kh: 27 g,
kJ: 2315, kcal: 553

RAFFINIERT

1 Die Linsen abspülen, mit Brühe und Tomatenmark in den gewässerten Römertopf geben und verrühren. Das Kasseler unter fließendem kaltem Wasser abspülen, trockentupfen und auf die Linsen legen.

2 Den Römertopf mit dem Deckel verschließen und auf dem Rost in den kalten Backofen schieben.

Ober-/Unterhitze: 200–220 °C
Heißluft: 180–200 °C
Gas: Stufe 4–5
Garzeit: etwa 65 Minuten

3 Die Linsen während der Garzeit einmal durchrühren. Das Gericht vor dem Servieren nach Belieben mit Tabascosauce abschmecken oder Peperoni unterrühren.

Leberterrine

Zutaten

2 Brötchen (Semmeln)
1 Zwiebel
500 g Rinder- oder Schweineleber
40 g fetter Speck
1 Ei
2 EL saure Sahne
Salz, Pfeffer
gerebelter Majoran
einige dünne Scheiben fetten Speck

1 Die Brötchen in kaltem Wasser einweichen und ausdrükken. Die Zwiebel abziehen.

2 Die Leber unter fließendem kaltem Wasser abspülen, trockentupfen und mit der Zwiebel und dem Speck durch den Fleischwolf drehen.

3 Die Masse mit Ei, Brötchen und saurer Sahne vermengen und mit Salz, Pfeffer und Majoran abschmecken. Einen Teil der Speckscheiben in den gewässerten Römertopf legen, die Lebermasse darauf geben, glattstreichen und mit den restlichen Speckscheiben belegen. Den Topf mit dem Deckel verschließen und auf dem Rost in den kalten Backofen schieben.

Ober-/Unterhitze: 200–220 °C
Heißluft: 180–200 °C
Gas: Stufe 4–5
Garzeit: etwa 60 Minuten

4 Die gare Leberterrine im Römertopf erkalten lassen. Vor dem Servieren in Scheiben schneiden.

Zubereitungszeit:
80 Minuten

Pro Portion:
E: 31 g, F: 21 g, Kh: 14 g, kJ: 1665, kcal: 401

GUT VORZUBEREITEN

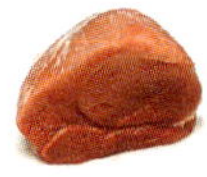

Muskatfleisch

1 Das Rindfleisch unter fließendem kaltem Wasser abspülen, trockentupfen und in gleich große Würfel schneiden. Die Fleischwürfel mit Muskat bestreuen und 10 Minuten ruhen lassen.

2 Die Gemüsezwiebeln abziehen und würfeln. Butter oder Margarine in Flöckchen auf den Boden des gewässerten Römertopfes geben. Zwiebelwürfel, Tomatenmark und Lorbeerblätter darauf geben.

3 Das Fleisch salzen und darauf verteilen. Den Römertopf mit dem Deckel verschließen und auf dem Rost in den kalten Backofen schieben.

Ober-/Unterhitze: etwa 220 °C
Heißluft: etwa 200 °C
Gas: Stufe 4–5
Garzeit: etwa 115 Minuten

4 In der Zwischenzeit den Porree putzen, längs halbieren, waschen und quer in Scheiben schneiden. Nach etwa 90 Minuten Garzeit den Porree zum Fleisch geben, unterrühren, mit Salz und Pfeffer würzen und fertiggaren.

5 Das gare Muskatfleisch nach Belieben nochmals mit den Gewürzen abschmecken.

Tip: *Dazu passen Spätzle oder Knödel.*

Zutaten

1 kg Rindfleisch (aus der Keule)
1–2 TL geriebene Muskatnuß
500 g Gemüsezwiebeln
50 g Butter oder Margarine
30 g Tomatenmark
2 Lorbeerblätter
Salz
300 g Porree (Lauch)
frisch gemahlener Pfeffer

Zubereitungszeit:
2 1/4 Stunden

Pro Portion:
E: 54 g, F: 44 g, Kh: 11 g, kJ: 2923, kcal: 699

DAUERT LÄNGER

Kräuter-Roastbeef

Zutaten

800 g Roastbeef
Salz
frisch gemahlener Pfeffer
2 EL Speiseöl
2 Knoblauchzehen
1 Brötchen (Semmel)
1 Ei
1 TL Senf
1 EL gehackte, glatte Petersilie
1 TL gehackte Thymianblättchen
1 TL gehackte Basilikumblättchen
2 EL Speiseöl
100 ml Fleischbrühe

Zubereitungszeit:
80 Minuten

Pro Portion:
E: 49 g, F: 23 g, Kh: 8 g,
kJ: 1859, kcal: 445

FÜR GÄSTE

1 Das Roastbeef unter fließendem kaltem Wasser abspülen und trockentupfen. Die Fettkanten abschneiden und das Fleisch mit Salz und Pfeffer bestreuen. Das Öl in den gewässerten Römertopf geben und das Roastbeef hineinlegen.

2 Knoblauch abziehen, durch die Knoblauchpresse drücken und mit Salz und Pfeffer verrühren. Das Brötchen in feine Würfel schneiden und mit dem Knoblauch vermengen.

3 Ei, Senf, Petersilie, Thymian, Basilikum und Öl unter die Brötchen-Knoblauch-Mischung rühren und die Masse auf dem Roastbeef verteilen.

4 Die Fleischbrühe hinzugießen. Den Römertopf mit dem Deckel verschließen und auf dem Rost in den kalten Backofen schieben.

Ober-/Unterhitze: etwa 200 °C
Heißluft: etwa 180 °C
Gas: Stufe 3–4
Garzeit: 60–70 Minuten

5 Das gare Fleisch etwa 10 Minuten ruhen lassen, damit sich der Fleischsaft setzt. Das Fleisch anschließend in Scheiben schneiden.

Tip: *Das Kräuter-Roastbeef mit Kroketten oder Pellkartoffeln servieren. Dazu paßt ein kühles Bier.*

Kalbsragout mit Gemüse

Zutaten

600 g Kalbfleisch (ohne Knochen, z. B. Nacken)
Saft von 1 Zitrone
etwas abgeriebene Zitronenschale (unbehandelt)
Salz
frisch gemahlener Pfeffer
1 TL gerebelter Thymian
2 TL Senf
2 Lorbeerblätter
4 Zwiebeln
2 Kartoffeln
3 Möhren
1 Stange Porree (Lauch)
150 g Wirsing
4 Scheiben durchwachsener Speck

Zubereitungszeit:
110 Minuten

Pro Portion:
E: 37 g, F: 33 g, Kh: 17 g, kJ: 2308, kcal: 551

RAFFINIERT

1 Das Kalbfleisch unter fließendem kaltem Wasser abspülen, trockentupfen und in etwa 2 cm große Würfel schneiden.

2 Zitronensaft und -schale mit Salz, Pfeffer, Thymian und Senf verrühren und mit den Lorbeerblättern und den Fleischwürfeln mischen.

3 Die Zwiebeln abziehen und in Stücke schneiden. Die Kartoffeln waschen, schälen, abspülen und in Würfel schneiden.

4 Die Möhren putzen, schälen, waschen und würfeln. Den Porree putzen, die Stangen längs halbieren, waschen und in Streifen schneiden. Den Wirsing waschen und in Streifen schneiden.

5 Das Gemüse mit den Fleischwürfeln mischen und in den gewässerten Römertopf geben. Den Speck darauf legen. Den Topf mit dem Deckel verschließen und auf dem Rost in den kalten Backofen schieben.

Ober-/Unterhitze: 200–220 °C
Heißluft: 180–200 °C
Gas: etwa Stufe 4
Garzeit: etwa 90 Minuten

6 Das gare Ragout umrühren und mit den Gewürzen abschmecken.

Tip: *Nach Belieben noch saure Sahne unterrühren.*

Kalbfleischpäckchen

Zutaten

8 große Wirsingkohlblätter
Salz
4 Kalbsschnitzel (je 180 g)
40 g Pesto
125 ml (1/8 l) trockener Weißwein
200 ml Kalbsfond (aus dem Glas)
100 ml Schlagsahne
2–3 EL heller Saucenbinder
frisch gemahlener Pfeffer
1 Prise Zucker

Zubereitungszeit:
75 Minuten

Pro Portion:
E: 40 g, F: 23 g, Kh: 11 g,
kJ: 1896, kcal: 453

ETWAS TEURER

1 Die Wirsingblätter abspülen, in kochendes Salzwasser geben, 2 Minuten kochen lassen, in kaltem Wasser abschrecken und abtropfen lassen. Die dicken Rippen der Kohlblätter flachschneiden.

2 Die Kalbsschnitzel unter fließendem kaltem Wasser abspülen, trockentupfen, salzen und mit dem Pesto bestreichen.

3 Je zwei Kohlblätter leicht überlappend aneinanderlegen, je 1 Fleischstück darin einwickeln und mit Küchengarn verschnüren. Die Päckchen in den gewässerten Römertopf legen und Weißwein und Kalbsfond hinzugießen. Den Topf mit dem Deckel verschließen und auf dem Rost in den kalten Backofen schieben.

Ober-/Unterhitze: etwa 200 °C
Heißluft: etwa 180 °C
Gas: etwa Stufe 3
Garzeit: etwa 60 Minuten

4 Die garen Kalbfleischpäckchen aus dem Römertopf nehmen und warm stellen.

5 Die Garflüssigkeit durch ein Sieb in einen Topf gießen, Sahne dazugeben und unter Rühren aufkochen. Die Sauce mit dem Saucenbinder nach Packungsaufschrift binden und mit Salz, Pfeffer und Zucker würzen.

Tip: *Dazu passen Bandnudeln mit geröstetem Knoblauch.*

Lammcurry mit Gemüse

1 Das Lammfleisch unter fließendem kaltem Wasser abspülen, trockentupfen und in 2 x 2 cm große Würfel schneiden.

2 Den Joghurt mit Curry, Ingwer und Pfeffer verrühren. Zitronensaft und Rotwein unterrühren. Die Fleischwürfel untermischen und über Nacht durchziehen lassen.

3 Zwiebeln und Knoblauch abziehen und in kleine Würfel schneiden. Die Möhren putzen, schälen, waschen und in kleine Würfel schneiden. Die Kartoffeln waschen, schälen, abspülen und in große Würfel schneiden.

4 Lammfleisch-, Zwiebel-, Knoblauch-, Möhren- und Kartoffelwürfel mit der Marinade in den gewässerten Römertopf geben.

5 Die Semmelbrösel auf das Gericht streuen und die Butter in Flöckchen darauf setzen. Den Römertopf mit dem Deckel verschließen und auf dem Rost in den kalten Backofen schieben.

Ober-/Unterhitze: 200–220 °C
Heißluft: 180–200 °C
Gas: Stufe 4–5
Garzeit: etwa 100 Minuten

Tip: *Dazu Reis oder Couscous reichen.*

Zutaten

750 g Lammfleisch aus der Keule (ohne Knochen)
150 g Joghurt
2 EL Currypulver
$^{1}/_{2}$ TL gemahlener Ingwer
frisch gemahlener Pfeffer
1 EL Zitronensaft
125 ml ($^{1}/_{8}$ l) Rotwein
3 mittelgroße Zwiebeln
2 Knoblauchzehen
3 Möhren (etwa 200 g)
400 g Kartoffeln
30 g Semmelbrösel
20 g Butter

Zubereitungszeit:
2 Stunden, ohne Marinierzeit

Pro Portion:
E: 41 g, F: 31 g, Kh: 29 g,
kJ: 2592, kcal: 619

RAFFINIERT

Lammhaxen in Dillsauce

Zutaten

1/2 Glas getrocknete Tomaten in Öl (140 g)
4 Lammhaxen (je etwa 350 g)
100 g durchwachsener Speck
1 Bund Dill
Salz
frisch gemahlener Pfeffer
400 ml Lammfond (aus dem Glas)
6–8 EL trockener Weißwein
1–2 EL heller Saucenbinder

Zubereitungszeit:
2 Stunden

Pro Portion:
E: 70 g, F: 64 g, Kh: 5 g,
kJ: 3998, kcal: 954

FÜR GÄSTE

1 Die Tomaten abtropfen lassen (dabei das Öl auffangen) und in Würfel schneiden. Das Fleisch unter fließendem kaltem Wasser abspülen und trockentupfen.

2 Den Speck in etwa 1/2 cm breite Stifte schneiden und die Haxen damit spicken. Dafür das Lammfleisch mehrmals mit einem spitzen Messer etwa 1 cm tief einstechen, die Kerben mit dem Messer auseinanderdrücken und jeweils 1 Stück Speck hineinstecken.

3 Dill abspülen, trockentupfen und die Hälfte hacken. Das Fleisch rundherum mit Salz, Pfeffer und gehacktem Dill einreiben und in den gewässerten Römertopf legen.

4 Die Tomatenwürfel, 2 Eßlöffel von dem aufgefangenen Öl und den Lammfond in den Topf geben und mit dem Deckel verschließen. Den Römertopf auf dem Rost in den kalten Backofen schieben.

Ober-/Unterhitze: etwa 220 °C
Heißluft: etwa 200 °C
Gas: etwa Stufe 4
Garzeit: etwa 105 Minuten

5 Etwa 15 Minuten vor Beendigung der Garzeit den Deckel abnehmen und die Haxe fertiggaren.

6 Die Garflüssigkeit in einen Topf gießen, Weißwein dazugeben und aufkochen lassen. Die Sauce mit dem Saucenbinder nach Packungsaufschrift binden und mit Salz und Pfeffer würzen. Restliche Dillzweige abzupfen und über das Fleisch streuen. Die Sauce dazu servieren.

Tip: *Dazu passen Pellkartoffeln oder Baguette.*

Geflügel & Wild

Marinierte Hähnchenkeulen

Zutaten

- 140 g Ananasscheiben (aus der Dose)
- 4 Hähnchenkeulen (je etwa 200 g)
- 3 EL Sojasauce
- 1–2 EL süß-scharfe Chilisauce
- 1/2 TL frisch gemahlener Pfeffer
- 1 TL Currypulver
- 1 rote Paprikaschote
- 1 grüne Paprikaschote
- 1 Bund Frühlingszwiebeln
- 50 g Cashewkerne
- Salz
- 220 g Maiskölbchen (aus dem Glas)

Zubereitungszeit:
90 Minuten, ohne Marinierzeit

Pro Portion:
E: 46 g, F: 12 g, Kh: 21 g, kJ: 1708, kcal: 408

FÜR GÄSTE

1 Die Ananasscheiben zum Abtropfen auf ein Sieb geben, den Saft dabei auffangen, Ananas in Stücke schneiden.

2 Die Hähnchenkeulen unter fließendem kaltem Wasser abspülen und trockentupfen. Sojasauce mit Chilisauce, 6 Eßlöffel Ananassaft, Pfeffer und Curry verrühren. Die Hähnchenkeulen damit bestreichen, mehrere Stunden marinieren, zwischendurch wenden und mit der Marinade bestreichen.

3 Die Paprika halbieren, entstielen, entkernen, die weißen Scheidewände entfernen, die Schoten waschen und in Streifen schneiden. Die Frühlingszwiebeln putzen, waschen und in 3 cm lange Stücke schneiden. Paprikastreifen, Frühlingszwiebeln und Ananasstücke vermischen und in den gewässerten Römertopf geben.

4 Den restlichen Ananassaft und Cashewkerne dazugeben und alles mit Salz bestreuen. Die Hähnchenkeulen mit der Marinade darauf geben. Den Topf mit dem Deckel verschließen und auf dem Rost in den kalten Backofen schieben.

Ober-/Unterhitze: 200–220 °C
Heißluft: 180–200 °C
Gas: Stufe 4–5
Garzeit: 60–70 Minuten

5 Die garen Hähnchenkeulen herausnehmen und warm stellen. Maiskölbchen abtropfen lassen, unter das Gemüse rühren und nochmals kurz in den ausgeschalteten, noch warmen Backofen stellen. Das Gemüse abschmecken und zu den Hähnchenkeulen servieren.

Schmorhähnchen mit Aprikosen

Zutaten

1 küchenfertiges Hähnchen (etwa 1,2 kg)
Salz
frisch gemahlener Pfeffer
Paprikapulver edelsüß
150 g Schalotten
500 g Kartoffeln
gerebelter Oregano
100 g getrocknete Aprikosen
200 ml Hühnerbrühe
3 Fleischtomaten (etwa 500 g)

Zubereitungszeit:
2 Stunden

Pro Portion:
E: 51 g, F: 23 g, Kh: 42 g, kJ: 2515, kcal: 601

RAFFINIERT

1 Das Hähnchen unter fließendem kaltem Wasser abspülen, trockentupfen, in 8 Stücke teilen und mit Salz, Pfeffer und Paprika bestreuen.

2 Die Schalotten abziehen und halbieren. Die Kartoffeln waschen, schälen, abspülen und in Spalten schneiden. Hähnchenteile, Schalotten, Kartoffeln, Oregano, Aprikosen und Hühnerbrühe in den gewässerten Römertopf geben. Den Topf mit dem Deckel verschließen und auf dem Rost in den kalten Backofen schieben.

Ober-/Unterhitze: etwa 200 °C
Heißluft: etwa 180 °C
Gas: Stufe 3–4
Garzeit: 70–80 Minuten

3 In der Zwischenzeit die Tomaten kurze Zeit in kochendes Wasser legen (nicht kochen lassen), in kaltem Wasser abschrecken, enthäuten, die Stengelansätze herausschneiden und die Tomaten in Stücke schneiden.

4 Nach etwa 50 Minuten Garzeit die Tomatenstücke zu den Hähnchenteilen geben und das Gericht 15–20 Minuten weitergaren. Dann weitere 5–10 Minuten ohne Deckel garen.

5 Das fertige Gericht einmal umrühren und mit Salz, Pfeffer und Oregano abschmecken.

Huhn à la Tante Martine

Zutaten

1 küchenfertiges Huhn (etwa 1,2 kg)
Salz
frisch gemahlener Pfeffer
1 EL Speiseöl
2 Zwiebeln
50 g durchwachsener Speck
4 cl Cognac oder Weinbrand
100 ml Rotwein
100 ml Geflügelbrühe
4 Knoblauchzehen
1/2 Bund Thymian
50 g schwarze Oliven
50 g Walnußkerne
1 Lorbeerblatt
1 Gewürznelke

Zubereitungszeit:
2 Stunden

Pro Portion:
E: 69 g, F: 40 g, Kh: 5 g, kJ: 3146, kcal: 750

FÜR GÄSTE

1 Das Huhn unter fließendem kaltem Wasser abspülen, trockentupfen, mit Salz und Pfeffer würzen und in den gewässerten Römertopf geben.

2 Die Zwiebeln abziehen und würfeln. Den Speck in Würfel schneiden. Das Öl erhitzen und Zwiebel- und Speckwürfel darin anbraten. Mit Cognac oder Weinbrand übergießen und flambieren.

3 Den Bratfond mit Rotwein und Geflügelbrühe aufgießen, aber nicht weiter erhitzen. Das Huhn mit der Sauce übergießen.

4 Den Knoblauch abziehen und längs halbieren. Thymian unter fließendem kaltem Wasser abspülen, zusammen mit Knoblauch, Oliven, Walnußkernen, Lorbeerblatt und Gewürznelke in den Römertopf geben.

5 Den Römertopf mit dem Deckel verschließen und auf dem Rost in den kalten Backofen schieben.

Ober-/Unterhitze: etwa 200 °C
Heißluft: etwa 180 °C
Gas: Stufe 3–4
Garzeit: etwa 70 Minuten

Beilage: *Kartoffelkroketten oder Reis.*

Tip: *Dieses Rezept kann auch mit Hähnchen- oder Kaninchenteilen zubereitet werden. Dazu zuerst die einzelnen Fleischstücke in dem Öl anbraten, Speck und Zwiebeln dazugeben, kurz mitbraten und flambieren. Dann wie im Rezept beschrieben fortfahren. Die Garzeit verringert sich dann um etwa 10 Minuten.*

Hähnchencurry

Zutaten

- 750 g Hähnchenbrustfilet
- 1 EL gemahlener Koriander
- 1 Msp. Sambal Oelek oder einige Tropfen Tabasco
- 1 Msp. geriebene Zitronenschale
- 2 EL Sojasauce
- 200 g Zwiebeln
- 2–3 EL Currypulver
- 50 g zerlassenes, abgekühltes Butterschmalz
- 400 ml Geflügelfond (aus dem Glas)
- 300 g Zucchini
- 200 g TK-Erbsen
- 5–6 EL Buttermilch
- Salz
- frisch gemahlener Pfeffer
- Currypulver

Zubereitungszeit:
60 Minuten, ohne Marinierzeit

Pro Portion:
E: 58 g, F: 18 g, Kh: 16 g,
kJ: 1943, kcal: 464

RAFFINIERT

1 Die Hähnchenbrustfilets unter fließendem kaltem Wasser abspülen, trockentupfen und in grobe Würfel schneiden.

2 Koriander, Sambal Oelek, Zitronenschale und Sojasauce mischen und die Fleischwürfel etwa 20 Minuten darin marinieren.

3 Die Zwiebeln abziehen, würfeln und mit Curry unter das Fleisch und die Marinade mischen. Alles mit Butterschmalz und Geflügelfond in den gewässerten Römertopf geben. Den Topf mit dem Deckel verschließen und auf dem Rost in den kalten Backofen schieben.

Ober-/Unterhitze: etwa 200 °C
Heißluft: etwa 180 °C
Gas: Stufe 3–4
Garzeit: etwa 50 Minuten

4 In der Zwischenzeit die Zucchini putzen, waschen, die Enden abschneiden, die Zucchini der Länge nach vierteln und in Scheiben schneiden. Zucchinistücke und Erbsen nach etwa 35 Minuten Garzeit in den Topf geben und das Curry fertiggaren.

5 Das gare Hähnchencurry mit Buttermilch vermengen und mit Salz, Pfeffer und Curry würzen.

Tip: *Dazu passen Basmatireis und Möhrensalat mit gerösteten Sesamsamen.*

Entenkeulen in Aprikosensauce

1 Die Schalotten abziehen und in Spalten schneiden. Chilischoten waschen, längs aufschneiden und entkernen. Die Entenkeulen unter fließendem kaltem Wasser abspülen und trockentupfen.

2 Thymian abspülen, trockentupfen und jeweils 1–2 Zweige unter die Haut der Keulen schieben. Die Keulen mit Salz und Pfeffer einreiben.

3 Schalotten, Chilischoten und Aprikosen in den gewässerten Römertopf geben, die Entenkeulen nebeneinander darauflegen und mit Geflügelfond und 3 Eßlöffeln Wermut begießen. Den Topf mit dem Deckel verschließen und auf dem Rost in den kalten Backofen schieben.

Ober-/Unterhitze: etwa 220 °C
Heißluft: etwa 200 °C
Gas: etwa Stufe 4
Garzeit: 75–80 Minuten

4 In der Zwischenzeit die Oliven gegebenenfalls entsteinen und in Scheiben schneiden. Nach etwa 60 Minuten Garzeit die Oliven in den Topf geben und alles die restliche Zeit ohne Deckel bei gleicher Temperatur bräunen lassen.

5 Die Garflüssigkeit entfetten und mit Salz, Pfeffer und dem restlichen Wermut würzen.

Tip: *Dazu passen Gnocchi.*

Zutaten

120 g Schalotten
1–2 rote Chilischoten
4 Entenkeulen (je 300 g)
8 Zweige Thymian
Salz
frisch gemahlener Pfeffer
70 g getrocknete Aprikosen
400 ml Geflügelfond (aus dem Glas)
5–6 EL weißer Wermut
70 g schwarze Oliven (aus dem Glas)

Zubereitungszeit:
90 Minuten

Pro Portion:
E: 69 g, F: 25 g, Kh: 17 g,
kJ: 2704, kcal: 647

FÜR GÄSTE

Hähnchenkeulen auf Tomatengemüse

Zutaten

3–4 Knoblauchzehen
150 g Zwiebeln
250 g Staudensellerie
4 Hähnchenkeulen (je 250 g)
abgeriebene Schale von
½ Zitrone (unbehandelt)
frisch gemahlener Pfeffer
1 TL gemahlener Koriander
½ TL Paprikapulver edelsüß
Salz
400 ml Hühnerbrühe
1,5 kg Tomaten
2 Dosen Riesenbohnen
(je 250 g Abtropfgewicht,
ersatzweise weiße Bohnen)
30 g Tomatenmark

Zubereitungszeit:
90 Minuten

Pro Portion:
E: 22 g, F: 5 g, Kh: 25 g,
kJ. 1011, kcal: 243

FÜR GÄSTE

1 Knoblauch abziehen und in Scheiben schneiden. Zwiebeln abziehen, halbieren und in Spalten schneiden. Staudensellerie putzen, waschen, die harten Außenfäden abziehen und etwas Grün zum Garnieren zurücklassen. Die Selleriestangen in dünne Scheiben schneiden.

2 Die Hähnchenkeulen unter fließendem kaltem Wasser abspülen und trockentupfen. Zitronenschale mit Pfeffer, Koriander, Paprika und etwas Salz mischen und die Hähnchenkeulen damit bestreuen.

3 Sellerie, Brühe, Zwiebeln und Knoblauch in den gewässerten Römertopf geben. Hähnchenkeulen auf das Gemüse legen. Den Topf mit dem Deckel verschließen und auf dem Rost in den kalten Backofen schieben.

Ober-/Unterhitze: etwa 200 °C
Heißluft: etwa 180 °C
Gas: etwa Stufe 4
Garzeit: etwa 70 Minuten

4 In der Zwischenzeit Tomaten waschen, abtrocknen, die Stengelansätze herausschneiden und Tomaten waagerecht halbieren. Die Bohnen in ein Sieb geben, kalt abspülen und abtropfen lassen.

5 Nach etwa 45 Minuten Garzeit die Hähnchenkeulen aus dem Römertopf nehmen. Tomaten, Bohnen und Tomatenmark unter das Selleriegemüse mischen und mit Salz und Pfeffer würzen. Die Hähnchenkeulen wieder auf das Gemüse legen und alles ohne Deckel fertiggaren.

6 Das Tomatengemüse mit Salz, Pfeffer und Paprika abschmecken. Das zurückgelassene Selleriegrün hacken und unterheben. Zu den Hähnchenkeulen servieren.

Hasenragout mit roten Linsen

Zutaten

4 Hasenkeulen (je etwa 400 g)
100 g Schalotten
8 Wacholderbeeren
Salz
frisch gemahlener Pfeffer
3 EL Olivenöl
2 Lorbeerblätter
200 ml Wildfond (aus dem Glas)
100 g Staudensellerie
200 g Pfifferlinge
70 g rote Linsen
250 g kleine Tomaten
etwas Honig

Zubereitungszeit:
2 Stunden

Pro Portion:
E: 94 g, F: 24 g, Kh: 16 g, kJ: 2986, kcal: 711

FÜR GÄSTE

1 Die Hasenkeulen unter fließendem kaltem Wasser abspülen, trockentupfen, das Fleisch von den Knochen schneiden und würfeln (ergibt etwa 1 kg). Die Schalotten abziehen, halbieren und in Spalten schneiden. Die Wacholderbeeren hacken.

2 Das Fleisch mit Salz, Pfeffer und Wacholder würzen und in dem Öl wälzen. Schalotten, Fleischwürfel, Lorbeerblätter und Wildfond in den gewässerten Römertopf geben und mit dem Deckel verschließen. Den Topf auf dem Rost in den kalten Backofen schieben.

Ober-/Unterhitze: etwa 200 °C
Heißluft: etwa 180 °C
Gas: Stufe 3–4
Garzeit: etwa 95 Minuten

3 In der Zwischenzeit den Staudensellerie putzen, waschen, die harten Außenfäden abziehen, das Grün beiseite legen und die Stangen in Scheiben schneiden. Pfifferlinge putzen, mit Küchenpapier abreiben, evtl. abspülen, und evtl. kleinschneiden.

4 Nach etwa 60 Minuten Garzeit Pfifferlinge, Selleriestücke und Linsen unter das Fleisch rühren. Den Deckel auflegen und das Ragout fertiggaren.

5 Tomaten waschen, halbieren, die Stengelansätze herausschneiden, Tomaten in Spalten schneiden und unter das gare Ragout rühren. Den Topf noch 5–10 Minuten ohne Deckel im ausgeschalteten Backofen stehen lassen.

6 Das Ragout mit Salz, Pfeffer und Honig würzen und mit Selleriegrün garnieren.

Beilage: *Gemischter Blattsalat und Baguette.*

Kaninchen mit Paprika

Zutaten

1 küchenfertiges Kaninchen (etwa 1 $^{1}/_{2}$ kg)
300 g Schalotten
je 1 gelbe, rote und grüne Paprikaschote
10 Salbeiblätter
1 kleiner Zweig Rosmarin
2 Knoblauchzehen
Salz
frisch gemahlener Pfeffer
125 ml ($^{1}/_{8}$ l) Hühnerbrühe
125 ml ($^{1}/_{8}$ l) Schlagsahne

Zubereitungszeit:
90 Minuten

Pro Portion:
E: 67 g, F: 35 g, Kh: 16 g, kJ: 2919, kcal: 696

FÜR GÄSTE

1 Das Kaninchen unter fließendem kaltem Wasser abspülen, trockentupfen und in 8 Teile schneiden.

2 Die Schalotten abziehen und je nach Größe halbieren oder vierteln. Die Paprika halbieren, entstielen, entkernen, die weißen Scheidewände entfernen, die Schoten waschen und in Streifen schneiden.

3 Salbeiblätter und Rosmarin abspülen und trockentupfen. Knoblauch abziehen und in kleine Würfel schneiden. Die Kaninchenteile mit Salz und Pfeffer einreiben.

4 Paprikastreifen, Schalotten, Knoblauch, Salbei, Rosmarin und Hühnerbrühe in den gewässerten Römertopf geben. Die Kaninchenteile – mit Ausnahme des Rückens – darauf legen. Den Römertopf mit dem Deckel verschließen und auf dem Rost in den kalten Backofen schieben.

Ober-/Unterhitze: etwa 200 °C
Heißluft: etwa 180 °C
Gas: Stufe 3–4
Garzeit: etwa 70 Minuten

4 Nach etwa 40 Minuten Garzeit den Rücken dazugeben und fertiggaren. Die garen Kaninchenteile herausnehmen und warm stellen.

5 Die Sahne in den Bratensatz geben, umrühren, evtl. nochmals abschmecken und zu dem Kaninchen servieren.

Tip: *Dazu paßt Polenta oder Knoblauchbaguette.*

Pikantes Hirschrückenfleisch

Zutaten

4 Ananasscheiben (aus der Dose)
750 g Hirschrückenfleisch (ohne Knochen)
100 g fetter Speck
Salz
frisch gemahlener Pfeffer

Zubereitungszeit:
60 Minuten

Pro Portion:
E: 40 g, F: 29 g, Kh: 5 g,
kJ: 2029, kcal: 484

ETWAS TEURER

1 Die Ananasscheiben auf einem Sieb abtropfen lassen, den Saft dabei auffangen, Ananasscheiben halbieren und den gewässerten Römertopf damit auslegen. Das Hirschrückenfleisch unter fließendem kaltem Wasser abspülen und trockentupfen.

2 Den Speck in sehr dünne Scheiben schneiden, das Fleisch damit belegen und mit Salz bestreuen. Das Hirschrückenfleisch auf die Ananasscheiben legen und etwas Ananassaft dazugeben. Den Römertopf mit dem Deckel verschließen und auf dem Rost in den kalten Backofen schieben.

Ober-/Unterhitze: 200–220 °C
Heißluft: 180–200 °C
Gas: Stufe 4–5
Garzeit: etwa 50 Minuten

3 Das gare Fleisch etwa 10 Minuten ruhen lassen, es dann in Scheiben schneiden, mit den Ananasscheiben auf einer vorgewärmten Platte anrichten und warm stellen.

4 Den Bratensatz mit Salz und Pfeffer abschmecken und zu dem Hirschrückenfleisch servieren.

Tip: *Dazu Kartoffelkroketten servieren.*

Rehkeule in Orangen-Kapern-Sauce

(6 Portionen)

1 Die Rehkeule unter fließendem kaltem Wasser abspülen und trockentupfen. 1 Orange heiß abspülen, abtrocknen und die Schale dünn abreiben. Beide Orange auspressen und 300 ml Saft abmessen. Knoblauch abziehen, durch die Knoblauchpresse drücken und mit Orangensaft und -schale mischen.

2 Die Rehkeule in einen großen Gefrierbeutel geben, Orangen-Knoblauch-Saft, Lorbeerblätter und Wacholderbeeren hineingeben, den Beutel verschließen und die Keule mindestens 8 Stunden (am besten über Nacht) marinieren.

3 Die Keule abtropfen lassen, dabei die Marinade auffangen. Die Keule mit Salz und Pfeffer einreiben, in einer Pfanne in dem erhitzten Öl von beiden Seiten anbraten, herausnehmen und den Bratensatz mit der Marinade ablöschen. Fleisch und Marinade abkühlen lassen.

4 Die Keule mit der Marinade in den gewässerten Römertopf geben. Den Topf mit dem Deckel verschließen und auf dem Rost in den kalten Backofen schieben.

Ober-/Unterhitze: etwa 220 °C
Heißluft: etwa 200 °C
Gas: Stufe 4–5
Garzeit: etwa 90 Minuten

5 Nach Beendigung der Garzeit die Rehkeule aus dem Römertopf nehmen und warm stellen. Den Bratensaft in einen Topf gießen. Sahne, Kapern und Wildfond dazugeben und 10 Minuten einkochen lassen. Die Flüssigkeit mit dem Saucenbinder nach Packungsaufschrift binden und mit Salz und Pfeffer würzen. Die Sauce zu der Rehkeule servieren.

Tip: *Dazu passen Apfelrotkohl und Kartoffelklöße.*

Zutaten

1 Rehkeule (ohne Knochen, etwa 1 1/2 kg)
2 Orangen (unbehandelt)
1–2 Knoblauchzehen
2 Lorbeerblätter
6 Wacholderbeeren
Salz
frisch gemahlener Pfeffer
4 EL Speiseöl
100 ml Schlagsahne
2–3 TL Kapern (aus dem Glas)
100 ml Wildfond (aus dem Glas)
2–3 EL dunkler Saucenbinder

Zubereitungszeit:
2 Stunden, ohne Marinierzeit

Pro Portion:
E: 4 g, F: 25 g, Kh: 21 g,
kJ: 1546, kcal: 369

ETWAS TEURER

Fisch

Viktoriabarsch mit Paprikagemüse

Zutaten

700 g Gemüsezwiebeln
1–2 Knoblauchzehen
125 ml (1/8 l) Fischfond (aus dem Glas)
3 EL Olivenöl
je 1 kleine grüne, rote und gelbe Paprikaschote
30 g schwarze, entsteinte Oliven
4 Scheiben Viktoriabarschfilet (je 150 g)
1 EL Zitronensaft
Salz
frisch gemahlener Pfeffer
1 TL gehackte Rosmarinnadeln
3 EL Olivenöl

Zubereitungszeit:
65 Minuten

Pro Portion:
E: 32 g, F: 21 g, Kh: 13 g,
kJ: 1639, kcal: 392

RAFFINIERT

1 Die Gemüsezwiebeln abziehen, halbieren und in halbe Ringe schneiden. Knoblauch abziehen und in Scheiben schneiden.

2 Zwiebeln und Knoblauch mit Fischfond und Öl in den gewässerten Römertopf geben, mit dem Deckel verschließen und auf dem Rost in den kalten Backofen schieben.

Ober-/Unterhitze: etwa 200 °C
Heißluft: etwa 180 °C
Gas: Stufe 3–4
Garzeit: etwa 60 Minuten

3 In der Zwischenzeit die Paprika halbieren, entstielen, entkernen, die weißen Scheidewände entfernen, die Schoten waschen und in Würfel schneiden. Die Oliven in Spalten schneiden.

4 Das Viktoriabarschfilet unter fließendem kaltem Wasser abspülen, trockentupfen, mit Zitronensaft beträufeln und trockentupfen.

5 Nach etwa 30 Minuten Garzeit das Zwiebelgemüse mit Salz und Pfeffer würzen. Das Fischfilet darauflegen, salzen und mit Rosmarin, Paprikawürfeln und Olivenspalten bestreuen. Das Ganze mit Öl beträufeln und im geschlossenen Topf fertiggaren.

Fischrollen auf Lauchgemüse

Zutaten

4 Scheiben Rotbarschfilets (je 150 g)
Zitronensaft
Salz
8 Scheiben Schinkenspeck
Senf
frisch gemahlener Pfeffer
etwa 800 g Porree (Lauch)
50 g Butter
1 EL Schnittlauchröllchen
Zitronenscheiben

Zubereitungszeit:
80 Minuten

Pro Portion:
E: 35 g, F: 55 g, Kh: 5 g,
kJ: 2874, kcal: 686

FÜR GÄSTE

1 Die Rotbarschfiletscheiben unter fließendem kaltem Wasser abspülen, trockentupfen, mit Zitronensaft beträufeln, trockentupfen und mit Salz bestreuen.

2 Je 1 Filetscheibe zwischen 2 Scheiben Speck legen. Jeweils die obere Speckscheibe mit Senf bestreichen, mit Pfeffer bestreuen und aufrollen.

3 Den Porree putzen, längs halbieren, waschen und in etwa 2 cm lange Stücke schneiden. Den Porree in den gewässerten Römertopf geben und mit Salz und Pfeffer würzen. Die Fischrollen darauf legen.

4 Die Butter in Flöckchen darauf setzen. Den Römertopf mit dem Deckel verschließen und auf dem Rost in den kalten Backofen schieben.

Ober-/Unterhitze: 200–220 °C
Heißluft: 180–200 °C
Gas: Stufe 4–5
Garzeit: etwa 60 Minuten

5 Die garen Fischrollen mit Schnittlauch bestreuen und mit Zitronenscheiben auf dem Lauchgemüse anrichten.

Beilage: *Butterreis.*

Tip: *Die Fischrollen können auch mit Seelachs- oder Schollenfilet zubereitet werden.*

Dorsch im Kartoffelbett

Zutaten

700 g Kartoffeln
170 g Petersilienwurzeln
1 Zwiebel
2 Lorbeerblätter
250 ml (1/4 l) Gemüsefond (aus dem Glas)
1 küchenfertiger Dorsch (etwa 900 g, ohne Kopf)
1 TL Zitronensaft
Salz
frisch gemahlener Pfeffer
170 g durchwachsener Speck, in Scheiben
1/2 Bund glatte Petersilie

Zubereitungszeit:
100 Minuten

Pro Portion:
E: 48 g, F: 29 g, Kh: 28 g,
kJ: 2528, kcal: 603

FÜR GÄSTE

1 Die Kartoffeln waschen, schälen und abspülen. Die Petersilienwurzeln putzen, schälen und waschen. Beide Zutaten in dünne Scheiben schneiden. Die Zwiebel abziehen und in Würfel schneiden.

2 Kartoffeln, Petersilienwurzeln, Lorbeerblätter, Zwiebelwürfel und Gemüsefond in den gewässerten Römertopf geben. Den Topf mit dem Deckel verschließen und auf dem Rost in den kalten Backofen schieben.

Ober-/Unterhitze: etwa 200 °C
Heißluft: etwa 180 °C
Gas: Stufe 3–4
Garzeit: etwa 90 Minuten

3 In der Zwischenzeit den Dorsch unter fließendem kaltem Wasser abspülen, trockentupfen, von innen mit Zitronensaft beträufeln und rundherum mit Salz und Pfeffer einreiben.

4 Den Dorsch mit den Speckscheiben umwickeln bzw. belegen. Ihn nach etwa 30 Minuten Garzeit auf das Gemüse in den Römertopf legen und weitergaren.

5 Etwa 15 Minuten vor Beendigung der Garzeit den Deckel abnehmen und den Fisch fertiggaren.

6 Die Petersilie abspülen, trockentupfen, die Blättchen von den Stielen zupfen und grob hacken. Den garen Fisch auf eine Platte legen. Das Kartoffelgemüse mit Salz und Pfeffer würzen, auf die Platte geben und mit Petersilie bestreuen.

Tip: *Anstelle von Dorsch kann auch Schellfisch, Kabeljau oder Meerforelle verwendet werden.*

Heilbutt Gärtnerin

1 Die Heilbuttscheiben unter fließendem kaltem Wasser abspülen, trockentupfen, mit Zitronensaft beträufeln und mit Salz bestreuen. Die Heilbuttscheiben in den gewässerten Römertopf legen.

2 Den Spargel auf einem Sieb abtropfen lassen. Erbsen und Möhren um den Fisch legen, den Spargel darüber verteilen, mit Salz bestreuen und mit der Butter übergießen. Den Römertopf mit dem Deckel verschließen und auf dem Rost in den kalten Backofen schieben.

Ober-/Unterhitze: 200–220 °C
Heißluft: 180–200 °C
Gas: Stufe 4–5
Garzeit: etwa 50 Minuten

3 Für die Champignonsauce die Zwiebel abziehen und würfeln. Die Champignons putzen, mit Küchenpapier abreiben, evtl. abspülen und in Scheiben schneiden.

4 Butter zerlassen, die Champignonscheiben darin andünsten und mit Mehl bestäuben. Die Gemüsebrühe hinzugießen und alles mit einem Schneebesen verrühren. Die Sauce zum Kochen bringen und etwa 10 Minuten kochen lassen. Die Sahne hinzugießen und die Sauce mit Salz und Pfeffer abschmecken.

5 Den garen Heilbutt mit dem Gemüse auf einer vorgewärmten Platte anrichten, die Sauce getrennt dazureichen.

Tip: *Anstelle des Spargels können auch 500 g geputzter, gewaschener und in Scheiben geschnittener Porree (Lauch) verwendet werden.*

Zutaten

4 Heilbuttscheiben (je 200 g)
1 EL Zitronensaft
Salz
250 g Stangenspargel (aus der Dose)
250 g TK-Erbsen und Möhren
30 g zerlassene Butter
1 kleine Zwiebel
200 g Champignons
20 g Butter
2 EL Weizenmehl
150 ml Gemüsebrühe
5 EL Schlagsahne
frisch gemahlener Pfeffer

Zubereitungszeit:
45 Minuten

Pro Portion:
E: 46 g, F: 26 g, Kh: 14 g, kJ: 2146, kcal: 511

FÜR GÄSTE

Neapolitanisches Fischfilet

Zutaten

400 g Tomaten
250 g Champignons
1 Zwiebel
Salz
frisch gemahlener Pfeffer
4 Scheiben Rotbarschfilet (je 125 g)
75 g geriebener Emmentaler
1 EL gehackte Petersilie
1 EL Schnittlauchröllchen
30 g Butter

Zubereitungszeit:
60 Minuten

Pro Portion:
E: 31 g, F: 17 g, Kh: 5 g,
kJ: 1300, kcal: 311

SCHNELL

1 Die Tomaten kurze Zeit in kochendes Wasser legen (nicht kochen lassen), in kaltem Wasser abschrecken, enthäuten und in Stücke schneiden.

2 Die Champignons putzen, mit Küchenpapier abreiben, evtl. abspülen und in Scheiben schneiden. Die Zwiebel abziehen, fein würfeln und mit den Tomaten- und Champignonstücken vermengen. Mit Salz und Pfeffer würzen und in den gewässerten Römertopf geben.

3 Das Rotbarschfilet unter fließendem kaltem Wasser abspülen, trockentupfen, mit Salz und Pfeffer bestreuen und auf das Gemüse legen.

4 Den Emmentaler mit Petersilie und Schnittlauch vermengen, auf dem Fisch verteilen und mit Butterflöckchen belegen. Den Topf mit dem Deckel verschließen und auf dem Rost in den kalten Backofen schieben.

Ober-/Unterhitze: etwa 200 °C
Heißluft: etwa 180 °C
Gas: Stufe 3–4
Garzeit: etwa 45 Minuten

Beilage: *Salzkartoffeln oder Reis.*

Pikanter Fischauflauf

Zutaten

1 kg Kartoffeln
500 g Schollenfilet
Zitronensaft
Salz
125 ml (1/8 l) heiße Milch
40 g Butter
3 Zwiebeln
100 g geräucherter, durchwachsener Speck
375 g Tomaten
frisch gemahlener Pfeffer
75 g geriebener Emmentaler oder mittelalter Gouda

Zubereitungszeit:
80 Minuten

Pro Portion:
E: 38 g, F: 26 g, Kh: 44 g,
kJ: 2479, kcal: 592

FÜR GÄSTE

1 Die Kartoffeln waschen, schälen, abspülen, in Stücke schneiden, in Salzwasser zum Kochen bringen und in etwa 15 Minuten gar kochen lassen.

2 In der Zwischenzeit das Schollenfilet unter fließendem kaltem Wasser abspülen, trockentupfen, mit Zitronensaft beträufeln, abtupfen und mit Salz bestreuen.

3 Die garen Kartoffeln abgießen, abdämpfen, mit Milch und Butter zerstampfen, etwas abkühlen lassen und in den gewässerten Römertopf geben. Das Fischfilet darauf legen.

4 Zwiebeln abziehen und würfeln. Speck in Würfel schneiden, in einer Pfanne auslassen, die Zwiebeln darin goldgelb dünsten und alles über den Fisch verteilen.

5 Tomaten waschen, die Stengelansätze herausschneiden, Tomaten in Scheiben schneiden und schuppenförmig auf den Fisch legen. Mit Salz und Pfeffer bestreuen und den Käse darüberstreuen. Den Römertopf mit dem Deckel verschließen und auf dem Rost in den kalten Backofen schieben.

Ober-/Unterhitze: 200–220 °C
Heißluft: 180–200 °C
Gas: Stufe 4–5
Garzeit: 40–50 Minuten

Tip: *Anstelle des frischen Fischfilets kann auch tiefgekühltes verwendet werden. Die Filets vor der Verarbeitung auftauen lassen.*

Fischfrikassee mit Pilzen

Zutaten

1 kg Rotbarsch- oder Seelachsfilet
4 EL Zitronensaft
Salz
250 g Champignons
1 Becher (150 g) Crème fraîche
5 EL Milch
2–3 TL mittelscharfer Senf
frisch gemahlener, weißer Pfeffer
1 Pck. (300 g) TK-Erbsen
1 Bund Dill
Zitronenspalten zum Garnieren

Zubereitungszeit:
60 Minuten

Pro Portion:
E: 52 g, F: 21 g, Kh: 14 g, kJ: 2035, kcal: 486

FÜR KINDER

1 Das Fischfilet unter fließendem kaltem Wasser abspülen, trockentupfen und in grobe Stücke schneiden. Das Filet mit Zitronensaft beträufeln, trockentupfen und mit Salz bestreuen.

2 Die Champignons putzen, mit Küchenpapier abreiben, evtl. abspülen und je nach Größe halbieren oder vierteln. Crème fraîche mit Milch und Senf verrühren, mit Salz und Pfeffer abschmecken und in den gewässerten Römertopf geben.

3 Fischwürfel, Champignons und Erbsen hinzufügen und mit Pfeffer bestreuen. Den Römertopf mit dem Deckel verschließen und auf dem Rost in den kalten Backofen schieben.

Ober-/Unterhitze: etwa 200 °C
Heißluft: etwa 180 °C
Gas: Stufe 3–4
Garzeit: etwa 50 Minuten

4 Den Dill abspülen, trockentupfen, hacken (etwas zum Garnieren zurücklassen) und vorsichtig unter das gare Frikassee heben. Das Frikassee mit dem zurückgelassenen Dill und Zitronenspalten garniert servieren.

Tip: *Dazu schmecken Salzkartoffeln und grüner Salat.*

Szegediner Fischgulasch

Zutaten

500 g Sauerkraut
200 g Zwiebeln
50 g Schweineschmalz
Salz
2 geh. EL Tomatenmark
10 Pfefferkörner
1 Lorbeerblatt
1–2 EL Paprikapulver edelsüß
250 ml (1/4 l) Gemüsebrühe
600 g Rotbarschfilet
frisch gemahlener Pfeffer
150 g saure Sahne

Zubereitungszeit:
90 Minuten

Pro Portion:
E: 32 g, F: 23 g, Kh: 9 g,
kJ: 1652, kcal: 394

FÜR GÄSTE

1 Das Sauerkraut lockerzupfen. Die Zwiebeln abziehen und würfeln. Das Schweineschmalz zerlassen und die Zwiebelwürfel darin hellgelb dünsten lassen.

2 Die Zwiebelwürfel mit Salz, Tomatenmark, Pfefferkörnern, Lorbeerblatt, 1 Eßlöffel Paprika und dem Sauerkraut in den gewässerten Römertopf geben.

3 Die Gemüsebrühe hinzugießen. Den Römertopf mit dem Deckel verschließen und auf dem Rost in den kalten Backofen schieben.

Ober-/Unterhitze: 200–220 °C
Heißluft: 180–200 °C
Gas: Stufe 4–5
Garzeit: 60–75 Minuten

4 In der Zwischenzeit das Rotbarschfilet unter fließendem kaltem Wasser abspülen, trockentupfen, in Würfel schneiden und mit Salz, Pfeffer und restlichem Paprika bestreuen.

5 Rotbarschfiletwürfel und saure Sahne etwa 15 Minuten vor Beendigung der Garzeit unter das Sauerkraut heben, den Römertopf wieder mit dem Deckel verschließen, und das Fischgulasch fertiggaren lassen.

6 Das gare Fischgulasch evtl. nochmals mit Salz, Pfeffer und Paprika abschmecken.

Lachsragout

1 Die Zwiebeln abziehen, würfeln, mit Fischfond, Weißwein und Aiwar verrühren und in den gewässerten Römertopf füllen. Den Topf mit dem Deckel verschließen und auf dem Rost in den kalten Backofen schieben.

Ober-/Unterhitze: etwa 200 °C
Heißluft: etwa 180 °C
Gas: Stufe 3–4
Garzeit: etwa 60 Minuten

2 In der Zwischenzeit das Lachsfilet unter fließendem kaltem Wasser abspülen, trockentupfen, in gleichmäßig große Würfel schneiden und salzen.

3 Nach etwa 30 Minuten Garzeit Saucenbinder und Sahne unter die Sauce rühren. Die Lachswürfel in den Fischfond geben, den Topf wieder mit dem Deckel verschließen und das Ragout fertiggaren.

4 Petersilie abspülen, trockentupfen, die Blätter von den Stielen zupfen und hacken. Das gare Ragout mit Salz und Zitronensaft würzen und mit Petersilie bestreuen.

Tip: *Dazu paßt eine Reis-Wildreis-Mischung.*

Zutaten

2 Zwiebeln
300 ml Fischfond (aus dem Glas)
4 EL Weißwein
3–4 EL Aiwar (Paprika-Würzpaste)
600 g Lachsfilet
Salz
3 EL heller Saucenbinder
125 ml (1/8 l) Schlagsahne
1/2 Bund glatte Petersilie
1–2 EL Zitronensaft

Zubereitungszeit:
70 Minuten

Pro Portion:
E: 31 g, F: 12 g, Kh: 11 g,
kJ: 2029, kcal: 486

ETWAS TEURER

Gemüse-Fisch-Eintopf

Zutaten

250 g grüne Bohnen
400 g Kartoffeln
1/2 Gemüsezwiebel (etwa 150 g)
250 g Champignons
Salz
frisch gemahlener Pfeffer
gerebeltes Bohnenkraut
50 g Butter
600 g Kabeljaufilet
evtl. 4 EL Schmand oder Crème fraîche

Zubereitungszeit:
90 Minuten

Pro Portion:
E: 31 g, F: 17 g, Kh: 21 g, kJ: 1603, kcal: 382

FÜR GÄSTE

1 Die Enden der grünen Bohnen abschneiden, die Bohnen evtl. abfädeln, waschen und in Stücke schneiden oder brechen. Die Kartoffeln waschen, schälen, abspülen und in kleine Würfel schneiden.

2 Die Zwiebelhälfte abziehen und in Scheiben schneiden. Die Champignons putzen, mit Küchenpapier abreiben, evtl. abspülen und in Stücke schneiden.

3 Die vorbereiteten Zutaten mischen, mit Salz, Pfeffer und Bohnenkraut würzen, in den gewässerten Römertopf geben und Butter in Flöckchen darauf verteilen. Den Topf mit dem Deckel verschließen und auf dem Rost in den kalten Backofen schieben.

Ober-/Unterhitze: etwa 220 °C
Heißluft: etwa 200 °C
Gas: Stufe 4–5
Garzeit: etwa 65 Minuten

4 In der Zwischenzeit das Kabeljaufilet unter fließendem kaltem Wasser abspülen, trockentupfen, mit Salz und Pfeffer bestreuen und in große Würfel schneiden. Nach etwa 50 Minuten Garzeit den Kabeljau auf das Gemüse geben und den Eintopf fertiggaren.

5 Nach Belieben zum Schluß noch Schmand oder Crème fraîche unter den Eintopf rühren.

Tip: *Zu dem Gemüse-Fisch-Eintopf frisches Weißbrot und einen herben Weißwein reichen.*

RÖMERTOPF®

Schwarzwurzel-Gratin

Zutaten

2 Gläser Schwarzwurzeln
(je 320 g Abtropfgewicht)
4 Eier
2 Becher (je 150 g) Crème fraîche
Salz
frisch gemahlener Pfeffer
gemahlene Muskatnuß
2 Bund Frühlingszwiebeln
40 g Pinienkerne

Zubereitungszeit:
60 Minuten

Insgesamt:
E: 15 g, F: 35 g, Kh: 22 g,
kJ: 2012, kcal: 480

RAFFINIERT

1 Die Schwarzwurzeln auf ein Sieb geben und abtropfen lassen. Eier und Crème fraîche verrühren und mit Salz, Pfeffer und Muskat würzen. Frühlingszwiebeln putzen, waschen und in dünne Ringe schneiden.

2 Schwarzwurzeln und Frühlingszwiebelringe mischen und in den gewässerten Römertopf geben. Die Eiermasse darübergießen und mit Pinienkernen bestreuen. Den Topf mit dem Deckel verschließen und auf dem Rost in den kalten Backofen schieben.

Ober-/Unterhitze: etwa 220 °C
Heißluft: etwa 200 °C
Gas: Stufe 4–5
Garzeit: 45–50 Minuten

3 Nach etwa 30 Minuten Garzeit den Deckel abnehmen und das Gemüse noch 15–20 Minuten überbacken.

Tip: *Dazu passen Lammkoteletts mit Kräuterbutter.*

Gemüseauflauf mit Käsekruste

Zutaten

200 g Hafergrütze
200 ml Schlagsahne
2 Becher (je 150 g) Crème fraîche
2 abgezogene Knoblauchzehen
150 g geriebener, alter Gouda
Salz
frisch gemahlener Pfeffer
500 g Kartoffeln
600 g Möhren
300 g Frühlingszwiebeln
3 EL Wasser

Zubereitungszeit:
2 Stunden

Pro Portion:
E: 24 g, F: 52 g, Kh: 69 g,
kJ: 3655, kcal: 873

VEGETARISCH

1 Die Hafergrütze mit Sahne, der Hälfte der Crème fraîche, 1 zerdrückten Knoblauchzehe und 100 g Gouda verrühren. Mit Salz und Pfeffer würzen und etwa 30 Minuten quellen lassen.

2 Die Kartoffeln waschen, schälen, abspülen und in Scheiben schneiden. Die Möhren putzen, waschen und in Scheiben schneiden. Die Frühlingszwiebeln putzen, waschen und schräg in Stücke schneiden.

3 Das vorbereitete Gemüse in den gewässerten Römertopf schichten, dabei lagenweise mit Salz und Pfeffer bestreuen.

4 Die restliche Crème fraîche mit Wasser und der zweiten zerdrückten Knoblauchzehe verrühren und über das Gemüse geben.

5 Die Hafermasse darauf geben und glattstreichen. Den Römertopf mit dem Deckel verschließen und auf dem Rost in den kalten Backofen schieben.

Ober-/Unterhitze: etwa 220 °C
Heißluft: etwa 200 °C
Gas: etwa Stufe 4
Garzeit: etwa 95 Minuten

6 Etwa 10 Minuten vor Beendigung der Garzeit den restlichen Gouda über den Auflauf streuen und die restliche Zeit ohne Deckel bräunen lassen.

OMERTOPF

Blumenkohlauflauf mit Schinken

Zutaten

- 1 kg Blumenkohl
- Salz
- 200 g Spaghetti
- 200 g roher oder gekochter Schinken
- 250 ml (1/4 l) Schlagsahne
- 4 Eier
- frisch gemahlener Pfeffer
- geriebene Muskatnuß
- 30 g geriebener Parmesan

Zubereitungszeit:
90 Minuten

Pro Portion:
E: 33 g, F: 37 g, Kh: 39 g,
kJ: 2733, kcal: 652

FÜR KINDER

1 Den Blumenkohl von Blättern, schlechten Stellen und dem Strunk befreien, evtl. einige Zeit in kaltes Salzwasser legen, um Raupen und Insekten zu entfernen. Den Blumenkohl in Röschen teilen, in kochendes Salzwasser legen, zum Kochen bringen und etwa 10 Minuten kochen lassen.

2 Die Spaghetti in Stücke brechen und in reichlich kochendem Salzwasser nach Packungsaufschrift bißfest kochen. Die garen Spaghetti auf ein Sieb geben, mit kaltem Wasser übergießen und abtropfen lassen.

3 Den Schinken in Würfel schneiden. Nudeln, Blumenkohlröschen und Schinken abwechselnd in den gewässerten Römertopf schichten.

4 Die Sahne mit Eiern verschlagen, mit Salz, Pfeffer und Muskat würzen, über den Auflauf gießen und mit Parmesan bestreuen. Den Römertopf mit dem Deckel verschließen und auf dem Rost in den kalten Backofen schieben.

Ober-/Unterhitze: 200–220 °C
Heißluft: 180–200 °C
Gas: Stufe 4–5
Garzeit: etwa 60 Minuten

Tip: *Anstelle des Parmesans können auch etwa 50 g geriebener Gouda oder anderer Käse verwendet werden.*

Kohl-Hackfleisch-Auflauf

1 Den Wirsing oder Weißkohl putzen, vierteln und den Strunk entfernen. Den Kohl abspülen und in Streifen schneiden. Die Kohlstreifen in kochendes Salzwasser geben, zum Kochen bringen, etwa 10 Minuten kochen lassen, herausnehmen und abtropfen lassen.

2 Die Zwiebeln abziehen, würfeln und mit Gehacktem, Ei und Semmelbröseln vermengen. Die Fleischmasse mit Salz und Pfeffer abschmecken.

3 Die Hälfte des Kohls in den gewässerten Römertopf geben, darauf die Fleischmasse verteilen und mit dem restlichen Kohl bedecken.

4 Butter oder Margarine und Kümmel darübergeben. Den Römertopf mit dem Deckel verschließen und auf dem Rost in den kalten Backofen schieben.

Ober-/Unterhitze: 200–220 °C
Heißluft: 180–200 °C
Gas: Stufe 4–5
Garzeit: etwa 90 Minuten

Tip: *Dazu schmecken Salzkartoffeln.*

Zutaten

1 kg Wirsing oder Weißkohl
Salz
2 Zwiebeln
500 g Gehacktes (halb Rind-, halb Schweinefleisch)
1 Ei
1 EL Semmelbrösel
frisch gemahlener Pfeffer
30 g zerlassene Butter oder Margarine
Kümmelsamen

Zubereitungszeit:
2 Stunden

Pro Portion:
E: 32 g, F: 39 g, Kh: 11 g, kJ: 2304, kcal: 549

PREISWERT

Kartoffelauflauf mit Bacon

Zutaten

750 g mehligkochende Kartoffeln
1 Bund Frühlingszwiebeln
150 g Bacon (Frühstücksspeck)
Salz
frisch gemahlener Pfeffer
125 ml (1/8 l) Gemüsebrühe
40 g Semmelbrösel
50 g Butter

Zubereitungszeit:
70 Minuten

Pro Portion:
E: 9 g, F: 31 g, Kh: 37 g, kJ: 2007, kcal: 479

FÜR GÄSTE

1 Die Kartoffeln waschen, schälen, abspülen und in Scheiben schneiden. Die Frühlingszwiebeln putzen, waschen und in feine Scheiben schneiden.

2 Eine gewässerte Farmhaus-Kastenform mit dem Bacon auslegen. Kartoffel- und Frühlingszwiebelscheiben abwechselnd in die Form schichten, dabei jede Schicht mit Salz und Pfeffer bestreuen. Die letzte Schicht sollte aus Kartoffeln bestehen.

3 Die Gemüsebrühe darübergeben, mit Semmelbröseln bestreuen und die Butter in Flöckchen darauf setzen. Die Kastenform auf dem Rost in den kalten Backofen schieben.

Ober-/Unterhitze: etwa 200 °C
Heißluft: etwa 180 °C
Gas: Stufe 3–4
Garzeit: etwa 50 Minuten

Abwandlung: *Zur Abwechslung kann der Kartoffelauflauf auch auf ungarische Art zubereitet werden. Dazu 1 kg Pellkartoffeln (vom Vortag), 3–4 hartgekochte Eier und 2 Mettwürstchen (Rauchenden) in Scheiben schneiden und abwechselnd in den gewässerten Römertopf schichten. Dabei jede Schicht mit etwas von 50 g zerlassener Butter begießen und mit Salz bestreuen. Die oberste Schicht sollte aus Kartoffeln bestehen. 125 g saure Sahne über die Kartoffeln verteilen, den Römertopf mit dem Deckel verschließen und den Auflauf bei der oben angegebenen Temperatur etwa 45 Minuten garen. Etwa 10 Minuten vor Beendigung der Garzeit den Deckel abnehmen und den Auflauf fertiggaren.*

FARMHAUS

Polenta-Hackfleisch-Auflauf

Zutaten

3 Pck. (je 300 g) TK-Blattspinat
2 Zwiebeln
2 EL Speiseöl
70 g Rosinen
Salz
frisch gemahlener Pfeffer
3 Scheiben Toastbrot
1–2 Knoblauchzehen
750 ml (3/4 l) Gemüsebrühe
2 EL Olivenöl
150 g Polentagrieß (Maisgrieß)
2 Eiweiß
500 g Gehacktes (halb Rind-, halb Schweinefleisch)
2 Eier
gemahlener Koriander
gemahlener Kreuzkümmel
40 g Emmentaler

Zubereitungszeit:
90 Minuten

Pro Portion:
E: 50 g, F: 52 g, Kh: 56 g,
kJ: 3936, kcal: 940

RAFFINIERT

1 Den Spinat antauen lassen. Die Zwiebeln abziehen, halbieren und würfeln. Das Öl erhitzen und die Zwiebeln darin 5 Minuten andünsten. Rosinen und Spinat dazugeben und zugedeckt bei milder Hitze etwa 15 Minuten dünsten. Mit Salz und Pfeffer würzen und abkühlen lassen.

2 Das Toastbrot in kaltem Wasser einweichen. Knoblauch abziehen, durch die Knoblauchpresse drücken und in der Gemüsebrühe aufkochen. Öl dazugeben, Polentagrieß unter Rühren einstreuen und etwa 3 Minuten unter Rühren kochen lassen.

3 Die Grießmasse mit Salz und Pfeffer würzen. Eiweiß steif schlagen, unter die Masse heben und abkühlen lassen. Das Brot ausdrücken, mit Hackfleisch und Eiern verkneten und mit Salz, Pfeffer, Koriander und Kreuzkümmel würzen.

4 Nacheinander Spinat-, Hack- und Grießmasse in den gewässerten Römertopf schichten. Den Topf mit dem Deckel verschließen und auf dem Rost in den kalten Backofen schieben.

Ober-/Unterhitze: etwa 200 °C
Heißluft: etwa 180 °C
Gas: Stufe 3–4
Garzeit: etwa 80 Minuten

5 In der Zwischenzeit den Emmentaler grob raspeln. Etwa 10 Minuten vor Beendigung der Garzeit den Auflauf mit Emmentaler bestreuen und die restliche Zeit ohne Deckel bei etwa 250 °C (Heißluft: etwa 220 °C, Gas: Stufe 4–5) überbacken.

Spinatauflauf

1 Den Spinat verlesen, waschen und gut abtropfen lassen. Die Butter in einem großen Topf zerlassen, den Spinat darin kurz andünsten und mit Salz und Pfeffer würzen.

2 Die Kartoffeln waschen, schälen, abspülen, in Hälften schneiden, in Salzwasser zum Kochen bringen und in etwa 20 Minuten gar kochen lassen. Die garen Kartoffeln abgießen, sofort durch die Kartoffelpresse geben oder möglichst fein zerstampfen.

3 Die Milch mit der Butter aufkochen, hinzufügen und den Kartoffelbrei so lange schlagen, bis er weißschaumig ist. Mit Salz und Muskat abschmecken und etwas abkühlen lassen. Die Hälfte des Kartoffelbreis in den gewässerten Römertopf geben, den Spinat darauf verteilen und mit einem Eßlöffel 4 Vertiefungen in den Spinat drücken.

4 Die Eier einzeln aufschlagen und in jede Vertiefung 1 Ei geben. Den restlichen Kartoffelbrei vorsichtig darüber verteilen, mit Semmelbröseln bestreuen und die Butter in Flöckchen darauflegen. Den Römertopf mit dem Deckel verschließen und auf dem Rost in den kalten Backofen schieben.

Ober-/Unterhitze: 200–220 °C
Heißluft: 180–200 °C
Gas: Stufe 4–5
Garzeit: 45–50 Minuten

Tip: *Anstelle des frischen Spinats kann auch TK-Blattspinat verwendet werden.*

Zutaten

800 g Blattspinat
40 g Butter
Salz
frisch gemahlener Pfeffer
1 kg Kartoffeln
knapp 250 ml ($^{1}/_{4}$ l) Milch
25 g Butter
geriebene Muskatnuß
4 Eier
2 EL Semmelbrösel
40 g Butter

Zubereitungszeit:
90 Minuten

Pro Portion:
E: 21 g, F: 31 g, Kh: 47 g, kJ: 2405, kcal: 574

VEGETARISCH

Gemüsetorte mit Tacos

Zutaten

175 g Weizenmehl
1 Msp. Backpulver
1 Eigelb
100 g Butter
Salz

je $^{1}/_{2}$ gelbe und rote Paprikaschote
1 Chilischote
1 Dose Gemüsemais (Abtropfgewicht 285 g)
1 Bund Frühlingszwiebeln
2 Eier
250 ml ($^{1}/_{4}$ l) Schlagsahne
frisch gemahlener Pfeffer
Cayennepfeffer
100 g Schafskäse
30 g Butter
6 Tacoschalen

Zubereitungszeit:
60 Minuten, ohne Kühlzeit

Pro Portion:
E: 23 g, F: 74 g, Kh: 86 g, kJ: 4630, kcal: 1107

RAFFINIERT

1 Für den Teig das Mehl mit Backpulver mischen und in eine Rührschüssel sieben. Eigelb, Butter und etwas Salz hinzufügen. Die Zutaten mit Handrührgerät mit Knethaken zunächst kurz auf niedrigster, dann auf höchster Stufe gut durcharbeiten.

2 Das Ganze anschließend auf der bemehlten Arbeitsfläche zu einem glatten Teig verkneten. Den Teig etwa 60 Minuten kalt stellen.

3 Für den Belag Paprika entkernen, die weißen Scheidewände entfernen, die Schoten waschen und in Streifen schneiden. Chilischote halbieren, entkernen, entstielen, waschen und in Streifen schneiden.

4 Den Mais auf einem Sieb abtropfen lassen. Frühlingszwiebeln putzen, waschen und in Scheiben schneiden. Das vorbereitete Gemüse miteinander vermengen.

5 Den Teig auf einer bemehlten Arbeitsfläche zu einer runden Platte (Ø 34 cm) ausrollen, eine gefettete Farmhaus-Quiche-Form damit auskleiden, den Rand etwas andrücken. Die vorbereiteten Zutaten auf dem Boden verteilen.

6 Die Eier mit Sahne verschlagen und mit Salz, Pfeffer und Cayennepfeffer würzen. Den Schafskäse zerbrökkeln, unterrühren und die Masse auf das Gemüse geben. Die Butter in Flöckchen darauf setzen. Die Form auf dem Rost in den kalten Backofen schieben.

Ober-/Unterhitze: etwa 200 °C
Heißluft: etwa 180 °C
Gas: Stufe 3–4
Backzeit: etwa 40 Minuten

7 Nach Beendigung der Backzeit die Tacoschalen längs durchbrechen, in die Oberfläche der Torte stecken (auf diese Weise 12 Tortenstücke bilden) und die Torte noch etwa 5 Minuten in den ausgeschalteten Backofen schieben.

Grüne Quiche

Zutaten
200 g Weizenmehl (Type 550)
100 g Butter
1 Eigelb
1/2 TL Salz
2 EL kaltes Wasser
2 Bund Frühlingszwiebeln
200 g Broccoli
Salz
150 g Spinat
3 Bund gemischte Kräuter, z. B. Kerbel, Petersilie, Schnittlauch
4 Eier
200 ml Schlagsahne
150 g mittelalter Gouda
frisch gemahlener Pfeffer
geriebene Muskatnuß
200 g magerer, milder Schinken
2 EL Pinienkerne

Zubereitungszeit:
70 Minuten, ohne Kühlzeit

Pro Portion:
E: 39 g, F: 64 g, Kh: 44 g, kJ: 3994, kcal: 955

FÜR GÄSTE

1 Für den Teig Mehl in eine Rührschüssel sieben. Butter, Eigelb, Salz und Wasser hinzufügen. Die Zutaten mit Handrührgerät mit Knethaken zunächst auf niedrigster, dann auf höchster Stufe gut durcharbeiten. Ihn anschließend auf einer leicht bemehlten Arbeitsfläche zu einem glatten Teig verkneten und etwa 60 Minuten kalt stellen.

2 Für den Belag Frühlingszwiebeln und Broccoli putzen, waschen, die Frühlingszwiebeln längs halbieren, den Broccoli in kleine Röschen zerteilen. Beide Zutaten in kochendem Salzwasser etwa 2 Minuten blanchieren, anschließend auf ein Sieb geben, mit kaltem Wasser übergießen und abtropfen lassen.

3 Den Spinat sorgfältig verlesen, die groben Stiele entfernen, den Spinat in kochendem Salzwasser etwa 2 Minuten blanchieren, mit kaltem Wasser übergießen und gut ausdrücken. Ihn mit den abgespülten, trockengetupften Kräutern pürieren oder fein hacken.

4 Die Eier mit Sahne verschlagen. Den Gouda reiben, unter die Eiersahne rühren und mit Salz, Pfeffer und Muskat abschmecken. Die Spinat-Kräuter-Masse unterrühren.

5 Den Teig zwischen Frischhaltefolie zu einer runden Platte ausrollen (Ø etwa 34 cm) und eine gefettete Farmhaus-Quiche-Form damit auslegen.

6 Den Schinken in kleine Würfel schneiden und mit Frühlingszwiebeln und Broccoliröschen auf den Teigboden geben. Die Spinat-Käse-Masse darübergeben und mit Pinienkernen bestreuen. Die Form auf dem Rost in den kalten Backofen schieben.

Ober-/Unterhitze: etwa 200 °C
Heißluft: etwa 180 °C
Gas: Stufe 3–4
Backzeit: 30–40 Minuten

Süßspeisen & Brote

Maisgrießauflauf

Zutaten
1 l Milch
40 g Butter
1 Pck. Vanillin-Zucker
170 g Maisgrieß
1 unbehandelte Orange
200 g getrocknete, entsteinte Pflaumen
6 EL brauner Rum
3 Eier
80 g Zucker
Puderzucker

Zubereitungszeit:
2 Stunden

Pro Portion:
E: 20 g, F: 22 g, Kh: 103 g, kJ: 3207, kcal: 765

FÜR GÄSTE

1 Milch mit Butter und Vanillin-Zucker in einem Topf aufkochen. Maisgrieß unter Rühren einstreuen, unter Rühren etwa 3 Minuten kochen und abkühlen lassen.

2 Die Orange heiß abspülen, trockentupfen, die Schale in dünnen Streifen ablösen und fein schneiden. Pflaumen, Rum und Orangenschale mischen und zugedeckt etwa 40 Minuten durchziehen lassen.

3 Die Eier trennen. Eiweiß mit 30 g des Zuckers steif schlagen. Eigelb und den restlichen Zucker zu einer weißen Creme aufschlagen. Den abgekühlten Grieß nach und nach unter die Eigelbcreme rühren. Zum Schluß den Eischnee unterheben.

4 Die Hälfte der Grießmasse in den gewässerten Römertopf füllen. Die marinierten Pflaumen mit der Flüssigkeit daraufgeben und mit der übrigen Grießmasse bedecken. Den Topf mit dem Deckel verschließen und auf dem Rost in den kalten Backofen schieben.

Ober-/Unterhitze: etwa 200 °C
Heißluft: etwa 180 °C
Gas: Stufe 3–4
Garzeit: etwa 75 Minuten

5 Den fertigen Auflauf mit Puderzucker bestäuben und servieren.

Tip: *Soll der Grießauflauf für Kinder zubereitet werden, den Rum durch Fruchtsaft, wie z. B. Orangensaft, ersetzen.*

Palatschinkenauflauf

Zutaten

200 g Weizenmehl
3 Eigelb
1 Prise Salz
375 ml (3/8 l) Milch
3 Eiweiß
100 g Butter oder Margarine

50 g weiche Butter oder Margarine
75 g Zucker
1 Pck. Vanillin-Zucker
2 Eigelb
abgeriebene Schale von 1 Zitrone (unbehandelt)
1 EL Zitronensaft
250 g Magerquark
50 g Rosinen

2 Eiweiß
125 ml (1/8 l) Schlagsahne
1 Pck. Vanillin-Zucker
2 Eigelb

Zubereitungszeit:
75 Minuten

Pro Portion:
E: 26 g, F: 61 g, Kh: 77 g,
kJ: 4170, kcal: 996

RAFFINIERT

1 Für den Teig Mehl mit Eigelb, Salz und Milch verrühren. Das Eiweiß steif schlagen und unterheben. Für jeden Palatschinken etwas von der Butter oder Margarine in einer Pfanne zerlassen, nacheinander 8 Palatschinken darin backen und erkalten lassen.

2 Für die Füllung Butter oder Margarine schaumig rühren. Nach und nach Zucker, Vanillin-Zucker und Eigelb unterrühren. Zitronenschale, Zitronensaft, Quark und Rosinen dazugeben und alles gut verrühren.

3 Die Palatschinken gleichmäßig mit der Füllung bestreichen, aufrollen und in den gewässerten Römertopf legen.

4 Für den Belag Eiweiß und Sahne getrennt steif schlagen. Vanillin-Zucker und Eigelb verrühren und das steifgeschlagene Eiweiß unterheben.

5 Die Sahne unterheben und die Masse über die Palatschinken verteilen. Den Römertopf mit dem Deckel verschließen und auf dem Rost in den kalten Backofen schieben.

Ober-/Unterhitze: 200–220 °C
Heißluft: 180–200 °C
Gas: Stufe 4–5
Garzeit: etwa 40 Minuten

Tip: *Palatschinken ist der österreichische Begriff für Mehlpfannkuchen.*

Ofenschlupfer

Zutaten

600 g gemischte TK-Beeren
5 altbackene Brötchen (Semmeln)
250 ml ($^{1}/_{4}$ l) heiße Milch
75 g weiche Butter
100 g Zucker
1 Pck. Vanillin-Zucker
4 Eigelb
40 g gemahlene Haselnußkerne
abgeriebene Schale von $^{1}/_{2}$ Zitrone (unbehandelt)
4 Eiweiß
1 EL Semmelbrösel
40 g Butter
Puderzucker

Zubereitungszeit:
75 Minuten

Pro Portion:
E: 17 g, F: 39 g, Kh: 84 g, kJ: 3260, kcal: 779

FÜR KINDER

1 Die Beeren auftauen und gut abtropfen lassen, dabei den Saft auffangen. Die Brötchen in feine Scheiben schneiden, mit der Milch übergießen und einweichen lassen.

2 Die Butter gut verrühren. Zucker, Vanillin-Zucker und Eigelb nach und nach unterrühren. Haselnußkerne und Zitronenschale unterrühren.

3 Eiweiß steif schlagen und unterheben. Die eingeweichten Brötchen gut mit der Nußmasse vermengen. Brötchenmasse und Beeren abwechselnd in den gewässerten Römertopf schichten, die letzte Schicht sollte aus Brötchenmasse bestehen.

4 Semmelbrösel darüberstreuen und die Butter in Flöckchen darauf verteilen. Den Römertopf mit dem Deckel verschließen und auf dem Rost in den kalten Backofen schieben.

Ober-/Unterhitze: 200–220 °C
Heißluft: 180–200 °C
Gas: etwa Stufe 4
Garzeit: etwa 60 Minuten

5 Den garen Ofenschlupfer auf Teller verteilen und jede Portion mit Puderzucker bestäubt servieren.

Tip: *Dazu schmeckt Vanillesauce. Anstatt Beerenobst kann auch dieselbe Menge geschälte, in Scheiben geschnittene Äpfel genommen werden.*

Pfirsichauflauf

Zutaten
1 Dose Pfirsiche (500 g Abtropfgewicht)
200 g Amaretti (italienische Dauerbackware)
2 Eier
1 EL Zitronensaft
1 Pck. Vanillin-Zucker
1–2 EL Hartweizengrieß

Zubereitungszeit:
50 Minuten

Pro Portion:
E: 8 g, F: 7 g, Kh: 71 g,
kJ: 1630, kcal: 387

RAFFINIERT

1 Die Pfirsiche auf einem Sieb abtropfen lassen. Die Amaretti im Mixer fein zerkleinern. Oder in einen Gefrierbeutel geben, die Tüte verschließen und die Amaretti mit einer Teigrolle zerdrücken.

2 Eier, Zitronensaft und Vanillin-Zucker zu einer hellen Creme aufschlagen. Den Grieß und 3/4 der Amarettibrösel mischen und unter die Eiermasse heben.

3 Die restlichen Amarettibrösel in den gewässerten Römertopf streuen. Die Eimasse daraufgeben und mit den Pfirsichhälften belegen. Den Topf mit dem Deckel verschließen und auf dem Rost in den kalten Backofen schieben.

Ober-/Unterhitze: etwa 200 °C
Heißluft: etwa 180 °C
Gas: Stufe 3–4
Garzeit: etwa 45 Minuten

4 Den garen Auflauf etwa 5 Minuten im Römertopf abkühlen lassen, dann mit einem Messer vorsichtig vom Topfrand lösen. Den Pfirsichauflauf nach Belieben kalt oder warm servieren.

Beigabe: *Schokoladensauce.*

Tip: *Der Auflauf kann nach Belieben auch mit anderem Obst, z. B. Birnen oder Aprikosen aus der Dose zubereitet werden.*

Quarkcremeauflauf mit Sauerkirschen

1 Die Sauerkirschen zum Abtropfen auf ein Sieb geben, dabei den Saft auffangen.

2 Das Pudding-Pulver mit 80 g des Zuckers, der Hälfte der Milch und Eigelb anrühren, die übrige Milch zum Kochen bringen. Das Pudding-Pulver in die von der Kochstelle genommene Milch rühren und unter ständigem Rühren einmal aufkochen lassen.

3 Zitronen-Aroma und Quark unterrühren. Eiweiß steif schlagen, dabei nach und nach den restlichen Zucker unterschlagen und das steifgeschlagene Eiweiß unter den Pudding heben.

4 Die Kirschen in den gewässerten Römertopf geben, die Puddingmasse darauf verteilen und glattstreichen. Den Römertopf mit dem Deckel verschließen und auf dem Rost in den kalten Backofen schieben.

Ober-/Unterhitze: 200–220 °C
Heißluft: 180–200 °C
Gas: Stufe 4–5
Garzeit: etwa 45 Minuten

5 Für die Sauce den aufgefangenen Kirschsaft mit Rotwein auf 500 ml (1/2 l) auffüllen. Die Speisestärke mit Zucker und 2 Eßlöffeln von dem Kirschsaft-Rotwein-Gemisch anrühren. Die übrige Flüssigkeit zum Kochen bringen und mit der angerührten Speisestärke binden. Die Sauce heiß zu dem Auflauf reichen.

Tip: *Anstelle der Sauerkirschen können auch Stachelbeeren verwendet werden.*

Zutaten

720 g Sauerkirschen (aus dem Glas)
1 Pck. Pudding-Pulver Vanille-Geschmack
125 g Zucker
250 ml (1/4 l) Milch
2 Eigelb
2 Tropfen Zitronen-Aroma
500 g Magerquark
2 Eiweiß
500 ml (1/2 l) Flüssigkeit (Kirschsaft mit Rotwein gemischt)
20 g Speisestärke
15 g Zucker

Zubereitungszeit:
60 Minuten

Pro Portion:
E: 23 g, F: 6 g, Kh: 94 g, kJ: 2434, kcal: 580

FÜR GÄSTE

Backobst mit Hefebuchteln

Zutaten

1 Ananas (900 g = 500 g Fruchtfleisch)
1 Limone (unbehandelt)
200 g gemischtes Backobst
50 g brauner Zucker
1/2 Würfel (21 g) frische Hefe
6 EL Wasser
300 g Weizenmehl
125 ml (1/8 l) lauwarme Milch
40 g Zucker
75 g zerlassene, abgekühlte Butter
125 ml (1/8 l) Wasser
2 EL Puderzucker
Minzeblättchen

Zubereitungszeit:
100 Minuten, ohne Teiggehzeit

Pro Portion:
E: 11 g, F: 18 g, Kh: 108 g, kJ: 2781, kcal: 664

RAFFINIERT

1 Die Ananas schälen, längs achteln, dabei die holzige Mitte herausschneiden und das Fruchtfleisch in Stücke schneiden. Die Limone heiß abspülen, abtrocknen, die Schale dünn abreiben und den Saft auspressen. Backobst und Ananas mit Zucker, Limonenschale und 3 Eßlöffeln Limonensaft mischen und etwa 30 Minuten marinieren.

2 In der Zwischenzeit Hefe mit Wasser und 1 Eßlöffel des Mehls verrühren und zugedeckt etwa 10 Minuten bei Zimmertemperatur stehen lassen.

3 Das übrige Mehl in eine Rührschüssel sieben. Die angerührte Hefe, Milch, Zucker und Butter dazugeben und mit Handrührgerät mit Knethaken zunächst auf niedrigster, dann auf höchster Stufe in etwa 5 Minuten zu einem Teig verarbeiten. Den Teig zugedeckt an einem warmen Ort so lange stehen lassen, bis er sich sichtbar vergrößert hat.

4 In der Zwischenzeit Ananas und Backobst mit der Marinade und Wasser in den gewässerten Römertopf füllen. Den Topf mit dem Deckel verschließen und auf dem Rost in den kalten Backofen schieben.

Ober-/Unterhitze: etwa 200 °C
Heißluft: etwa 180 °C
Gas: Stufe 3–4
Garzeit: etwa 60 Minuten

5 Nach etwa 40 Minuten Garzeit den Teig aus der Schüssel nehmen und auf der Arbeitsfläche nochmals kurz durchkneten. Aus dem Teig walnußgroße Kugeln formen, nebeneinander auf das Obst setzen und im geschlossenen Topf weitere 20 Minuten garen.

6 Die Buchteln mit Puderzucker bestäuben und unter dem Grill (oder bei etwa 250 °C) karamelisieren lassen.

7 Das Kompott mit den Buchteln anrichten und mit Minzeblättchen garnieren.

Mischbrot mit Hafer

Zutaten

400 g Dinkelvollkornmehl (Reformhaus, Bioladen)
200 g Roggenmehl (Type 1150)
1 ½ TL Salz
1 TL gemahlener Koriander
1 Pck. Trockenhefe
½ Pck. (7,5 g) Sauerteig-Extrakt
etwa 450 ml lauwarmes Wasser
70 g Haferkörner
170 ml kaltes Wasser
1 EL Leinsamen

Zubereitungszeit:
2 ¼ Stunden

Insgesamt:
E: 82 g, F: 23 g, Kh: 426 g, kJ: 9927, kcal: 2369

RAFFINIERT

1 Beide Mehlsorten, Salz und Koriander in eine Rührschüssel geben und mit Hefe und Sauerteig-Extrakt sorgfältig vermischen. Das lauwarme Wasser hinzufügen.

2 Die Zutaten mit Handrührgerät mit Knethaken zunächst auf niedrigster, dann auf höchster Stufe in etwa 5 Minuten zu einem Teig verarbeiten. Den Teig zugedeckt an einem warmen Ort so lange stehen lassen, bis er sich sichtbar vergrößert hat.

3 In der Zwischenzeit Hafer mit dem kalten Wasser in einem Topf aufkochen und bei geringer Hitze etwa 15 Minuten ausquellen lassen).

4 Den Teig aus der Schüssel nehmen und den Hafer (1 Eßlöffel zurücklassen) unterkneten. Den Teig mit Mehl bestäuben, auf der bemehlten Arbeitsfläche kurz durchkneten und zu einer etwa 22 cm langen Rolle formen.

5 Den gewässerten Römertopf fetten, mit Leinsamen ausstreuen, den Teig hineinlegen. Den Römertopf mit dem Deckel verschließen und den Teig nochmals an einem warmen Ort so lange stehen lassen, bis er sich sichtbar vergrößert hat.

6 Den Teig mit Wasser bestreichen und mit dem zurückgelassenen Hafer bestreuen. Den geschlossenen Römertopf dann auf dem Rost (unterste Schiene) in den kalten Backofen schieben.

Ober-/Unterhitze: 200–220 °C
Heißluft: 180–200 °C
Gas: Stufe 4–5
Backzeit: 50–60 Minuten

Tip: *Nach Belieben einige Haselnußkerne unter den Teig rühren. Es gibt auch eine spezielle Römertopf-Brotbackschale (Pane), in der das Brot ohne Deckel gebacken wird. Dann verkürzt sich die Backzeit um etwa 10 Minuten.*

RÖMERTOPF®

Kokos-Bananenbrot

Zutaten

1 Pck. (250 g) getrocknete Bananen (Reformhaus)
1 Dose (400 ml) ungesüßte Kokosmilch
4 Eier
100 g brauner Zucker
1 TL Salz
250 g Weizenmehl (Type 550)
1/2 Pck. Backpulver
1 Msp. gemahlener Piment
100 g Kokosraspel

Zubereitungszeit:
60 Minuten

Insgesamt:
E: 74 g, F: 95 g, Kh: 458 g, kJ: 12992, kcal: 3104

FÜR KINDER

1 Die Bananen in dünne Scheiben schneiden. Kokosmilch und Bananen etwa 15 Minuten bei milder Hitze kochen lassen, dabei ab und zu umrühren.

2 Eier, Zucker und Salz mit Handrührgerät mit Rührbesen schaumig schlagen. Mehl mit Backpulver und Piment mischen, sieben und nach und nach unter die Eiermasse rühren. Die Bananen-Kokos-Masse unterheben.

3 Die Hälfte der Kokosraspeln in den gewässerten Römertopf streuen. Den Teig einfüllen und mit den restlichen Kokosraspeln bestreuen. Den Römertopf mit dem Deckel verschließen und auf dem Rost in den kalten Backofen schieben.

Ober-/Unterhitze: 200–220 °C
Heißluft: 180–200 °C
Gas: Stufe 4–5
Garzeit: etwa 50 Minuten

4 Das fertige Brot im Topf etwa 15 Minuten abkühlen lassen, dann mit einem Messer vorsichtig vom Rand lösen und aus der Form stürzen.

Tip: *Dazu schmeckt z. B. Quark mit Orangenmarmelade. Kokosmilch gibt es in Asia-Läden, Delikatessengeschäften und gut sortierten Supermärkten.*

Dinkelbrot

1 Mehl, 40 g Weizenkleie und Schrot in eine Rührschüssel geben und mit Hefe und Sauerteig-Extrakt sorgfältig vermischen. Salz, Malz und Wasser hinzufügen.

2 Die Zutaten mit Handrührgerät mit Knethaken zunächst auf niedrigster, dann auf höchster Stufe in etwa 5 Minuten zu einem Teig verarbeiten. Den Teig zugedeckt an einem warmen Ort so lange stehen lassen, bis er sich sichtbar vergrößert hat.

3 Den Teig dann aus der Schüssel nehmen, auf der bemehlten Arbeitsfläche nochmals gut durchkneten und zu einem Laib formen. Den gewässerten Römertopf mit $^{2}/_{3}$ der restlichen Kleie ausstreuen, den Teiglaib in den Topf legen und mit der restlichen Kleie bestreuen.

4 Den Römertopf mit dem Deckel verschließen und den Teig noch etwa 40 Minuten gehen lassen. Den geschlossenen Römertopf dann auf dem Rost in den kalten Backofen schieben.

Ober-/Unterhitze: 200–220 °C
Heißluft: 180–200 °C
Gas: Stufe 4–5
Garzeit: 50–60 Minuten

5 Das fertige Brot aus dem Römertopf nehmen und auf einem Kuchenrost erkalten lassen.

Tips: *Das Dinkelvollkornmehl kann auch ganz oder teilweise durch Weizenvollkornmehl ersetzt werden. Das Gerstenmalz hat einen charakteristischen Geschmack und gibt dem Brot Süße und eine bräunliche Farbe. Wer kein Gerstenmalz bekommt, kann ersatzweise Honig (etwas weniger verwenden, da Honig eine größere Süßkraft besitzt) und 1 Eßlöffel dunklen Zuckerrübensirup (für die Farbe) verwenden.*

Zutaten

500 g Dinkelvollkornmehl (Reformhaus)
60 g Weizenkleie
400 g Weizenvollkornschrot
1 Pck. Trockenhefe
1 Pck. (15 g) Sauerteig-Extrakt
2 TL Salz
50 g Gerstenmalz (Reformhaus, Bioladen)
etwa 700 ml lauwarmes Wasser

Zubereitungszeit:
2 $^{1}/_{4}$ Stunden

Insgesamt:
E: 126 g, F: 25 g, Kh: 604 g, kJ: 14023, kcal: 3348

GUT VORZUBEREITEN

Roggenmischbrot mit Sesam

Zutaten

- **125 g Roggenvollkornschrot**
- **250 g Weizenmehl (Type 550)**
- **1 Pck. Trockenhefe**
- **1 TL Zucker**
- **1 TL Salz**
- **200 ml lauwarmes Wasser**
- **50 ml Speiseöl**
- **40 g Sesamsamen**

Zubereitungszeit:
2 1/4 Stunden

Insgesamt:
E: 52 g, F: 75 g, Kh: 266 g, kJ: 8503, kcal: 2026

GUT VORZUBEREITEN

1 Roggenvollkornschrot und Mehl in eine Rührschüssel geben und mit der Hefe sorgfältig vermischen. Zucker, Salz, Wasser und Öl hinzufügen. Die Zutaten mit Handrührgerät mit Knethaken zunächst auf niedrigster, dann auf höchster Stufe in etwa 5 Minuten zu einem Teig verarbeiten.

2 Den Teig zugedeckt an einem warmen Ort so lange stehen lassen, bis er sich sichtbar vergrößert hat. Ihn dann leicht mit Mehl bestäuben, aus der Schüssel nehmen und auf der Arbeitsfläche kurz durchkneten.

3 Den gewässerten Römertopf fetten, mit Sesam ausstreuen und den Teig hineingeben. Die Oberfläche des Teiges mit Wasser bestreichen und mit dem restlichen Sesam bestreuen.

4 Den Römertopf mit dem Deckel verschließen und den Teig nochmals an einem warmen Ort so lange stehen lassen, bis er sich sichtbar vergrößert hat. Den geschlossenen Römertopf dann auf dem Rost (unterste Schiene) in den kalten Backofen schieben.

Ober-/Unterhitze: 200-230 °C
Heißluft: 180–200 °C
Gas: Stufe 4–5
Garzeit: etwa 65 Minuten

5 Das fertige Brot aus dem Römertopf nehmen und auf einem Kuchenrost erkalten lassen.

Tip: *Anstelle von Sesamsamen den Römertopf mit Mohnsamen oder Weizenkleie ausstreuen.*
Das Roggenmischbrot kann auch in einem kleinen Römertopf für 2–4 Personen gebacken werden.

Ratgeber

Deckel auf, Zutaten hinein, Deckel zu – und ab mit dem RÖMERTOPF® in den Backofen. So einfach ist das. Fast. Ein paar Kleinigkeiten sollte man schon noch berücksichtigen, will man das irdene Geschirr richtig handhaben. Das besondere Material erfordert eben auch besondere „Umgangsformen". Nichts, was kompliziert wäre, denn das widerspräche ja der genialen, weil einfachen Idee des RÖMERTOPFES. Trotzdem sollte man sich vor der Erstbenutzung die Tips des Herstellers durchlesen.
Was es außerdem noch zu beachten gilt, bevor man sich dem „Genuß ohne Reue" hingibt, verrät Ihnen unser kleiner Ratgeber.

Garen im Römertopf

Das Garen im RÖMERTOPF® hat eine lange Tradition – und das zu recht. In ihm können Speisen mit einem Minimum an Flüssigkeit oder ganz ohne gegart werden.
Saft, Aroma, Geschmack, Nährstoffe und Vitamine der Speisen bleiben weitgehend erhalten. Sie werden nicht mit überschüssigem Kochwasser abgegossen.
Der RÖMERTOPF® ermöglicht das Garen fast aller Gerichte ohne Fett und ist damit auch vorzüglich für die Zubereitung von Schonkost geeignet. Lediglich bei trockenen Fleischsorten empfiehlt sich ein geringer Fettzusatz. Auch durch das Belegen des Fleisches mit Speckscheiben läßt sich ein Austrocknen des Fleisches verhindern. Der Speck kann nach der Garzeit entfernt werden. Wenn in den Rezepten das Bestreichen der Fleischstücke oder des RÖMERTOPFES mit Butter oder Öl angegeben wird, kann aus Diätgründen auch darauf verzichtet werden. Der Bratensatz läßt sich gut mit einem Pinsel vom Topfrand lösen.
Der poröse Ton ermöglicht einen völlig naturgemäßen Garvorgang. Das Wasser in den Tonporen schafft zudem bei der langsamen Erwärmung eine milde Dunstschicht, die sich sowohl im Inneren als auch außerhalb des Topfes verbreitet. Dadurch kann z. B. Braten eine Kruste bekommen, ohne auszutrocknen. Eintöpfe und Aufläufe lassen den Geschmack aller Ingredienzien vollkommen verschmelzen. Suppen köcheln langsam vor sich hin, ohne zu verkrusten.

Ein Original RÖMERTOPF® ist an den Bratstegen auf dem Boden erkennbar. Diese verhindern den direkten Kontakt zwischen Bratgut und Flüssigkeit, so daß es gleichmäßig von allen Seiten bräunen kann. Die beiden Hälften des Topfes sitzen mit einem breiten Rand aufeinander und halten so gut zusammen. Der Deckel kann nicht mehr kippen. Ein kleiner Spalt von 2–4 mm zwischen Ober- und Unterteil des RÖMERTOPFES muß jedoch bleiben, damit der Druck im Topf reguliert wird und überschüssiger Dampf entweichen kann.

Ratgeber

Vor dem ersten Gebrauch

Ein neuer RÖMERTOPF® sollte trocken ausgebürstet werden, damit sich der evtl. noch anhaftende Tonstaub löst. Anschließend den Topf für mindestens 30 Minuten in kaltes Wasser legen. An manchen neuen Töpfen haftet aufgrund unsachgemäßer Lagerung ein schwacher Geruch. Um zu verhindern, daß er auf Lebensmittel übergeht, reibt man die Form von innen mit einer halben Zwiebel aus, füllt sie halbvoll mit Wasser und stellt sie für mindestens 1 Stunde bei 100 °C in den Backofen.

Handhabung und Pflege

- Vor jeder Benutzung müssen der Topf und besonders auch der Deckel gewässert werden. Wenn Sie wenig Zeit haben, genügt es schon, Topf und Deckel oder auch nur den Deckel etwa 30 Sekunden unter fließendes kaltes Wasser zu halten. Die Poren nehmen in dieser Zeit ausreichend Wasser auf. Damit Sie immer daran denken, haben wir in jedem Rezept noch einmal darauf hingewiesen. Bei Suppen und Eintöpfen, die sowieso viel Wasser enthalten, genügt diese Zeit. Besser ist es, den Topf für etwa 15 Minuten komplett in ein Becken mit Wasser zu geben. Bei Fleisch und insbesondere bei den trockenen Fleischsorten wie Rind oder Hase empfiehlt es sich, die Form länger zu wässern; zu lang kann es nie sein, zu kurz dagegen leicht.

- Der Original RÖMERTOPF® darf nur im Backofen verwendet werden. Nicht auf die heiße Herdplatte oder auf offenes Feuer setzen.
- Geben Sie niemals kalte Flüssigkeit während des Garens in den Topf, die Form kann sonst zerspringen. Umgekehrt sollte auch keine heiße oder gar kochende Flüssigkeit in den kalten Topf gegeben werden.
- Grundsätzlich müssen alle Speisen in der geschlossenen Form gegart werden. Nur zum Überbacken oder für das zusätzliche Überkrusten von Braten kann der Deckel 10–15 Minuten vor Garende abgenommen werden. Durch das Garen mit Deckel ergibt sich auch ein weiterer Vorteil des RÖMERTOPFES: aus der Tonform heraus kann nichts in den Backofen spritzen, so daß dieser sauber bleibt.

Ratgeber

- Wenn sie erstmals mit dem RÖMERTOPF® arbeiten, prüfen Sie zu Beginn, ob die Gerichte in der angebenen Zeit gar werden. Die Temperaturen und Aufheizzeiten variieren bei den unterschiedlichen Herden beträchtlich. Experimentieren Sie ruhig ein wenig und probieren Sie eigene Rezepte aus. Lassen Sie dabei die Gerichte lieber ein wenig zu lange im Backofen, es schadet ihnen nicht.

- Wenn Sie den heißen RÖMERTOPF® aus dem Backofen nehmen, denken Sie daran, daß der RÖMERTOPF® empfindlich gegen plötzliche Temperaturänderungen ist. Stellen Sie die Form deshalb entweder auf ein Kuchenrost, auf ein Holzbrett oder auf ein zusammengelegtes, trockenes Handtuch.

- Nach Gebrauch reinigen Sie den Topf mit heißem Wasser, ein paar Tropfen mildem Spülmittel und einer Bürste. Nach etwa 50maliger Benutzung sollten Sie ihn eine halbe Stunde lang in Essigwasser auskochen. Die Poren sind dann wieder völlig frei und atmungsaktiv.

- Ein RÖMERTOPF® darf niemals an einem feuchten, muffigen Ort aufbewahrt werden. Am besten stellen Sie ihn – beide Hälften ineinandergestapelt – an einen luftigen Ort, an dem sich kein Küchendunst niederschlagen kann.

Ratgeber

Formen

RÖMERTÖPFE gibt es in vielen Formen und Größen. Neben schlichten Tonformen gibt es verzierte Töpfe, auch in Fisch- oder Huhnform. Bei der Wahl des RÖMERTOPFES ist zu berücksichtigen, daß die Größe den Gerichten angepaßt sein soll, die man darin zubereiten will. Der RÖMERTOPF® sollte nicht übervoll sein, allerdings ist es auch wenig sinnvoll, zu kleine Mengen in einer großen Form zu garen. Vor allem bei Fleisch ist dies sehr nachteilig, weil ein kleines Stück Fleisch in einem zu großen Topf nicht genug im eigenen Saft schmoren kann und zu trocken wird.
Suppen und Eintöpfe, Fleisch- und Gemüsegerichte können problemlos in ein und demselben RÖMERTOPF® zubereitet werden. Fischgerichte dagegen sollten in einer speziell dafür reservierten Form gegart werden, da der Fischgeschmack unweigerlich auf andere Speisen übergeht.
Auch süße Speisen sollten in einem extra RÖMERTOPF® zubereitet werden.
Neben den klassichen RÖMERTOPF®-Formen gibt es eine Reihe von speziellen Töpfen. Dazu gehören der Kartoffelröster, der Knoblauchröster und die Pane-Brotbackschale.

Garen in der Mikrowelle

Mikrowellen können – ohne viel Energie zu verlieren – auch Ton durchdringen. Deshalb kann jeder RÖMERTOPF® auch in die Mikrowelle gestellt werden. Er muß nur die richtige Größe besitzen. In die kleinen Mikrowellengeräte passen eher die kleinen Formen. In einem Kombinationsgerät werden Sie jede Form unterbringen können.
Wie beim Garen im Backofen sollten auch hier Topf und Deckel oder zumindest der Deckel gewässert werden. Der RÖMERTOPF® sollte immer mit dem Deckel verschlossen werden. Da die Mikrowellen aber extrem schnell arbeiten, ist es sinnvoll, wenn Sie anfangs etwas auf dem Beobachtungsposten sind, um ein Gefühl für die neuen Garzeiten zu bekommen.

Ideale Ergebnisse in kürzester Zeit mit viel Energieersparnis erhalten Sie bei der Kombination von Mikrowelle mit Ober-/Unterhitze, Heißluft oder Gas im Backofen. Insbesondere beim Auftauen und anschließenden Weiterverarbeiten von Braten oder Speisen hat sich diese Methode bewährt. Unter der Mikrowelleneinwirkung erreicht das Gargut eine Temperatur von maximal 130 °C. Wenn der Garprozeß im Backofen weitergeführt werden soll, muß dieser in etwa auf die gleiche Temperatur vorgeheizt werden.

Kapitelregister

Suppen & Eintöpfe

Gemüse

Fleisch

Geflügel & Wild

Kapitelregister

Alphabetisches Register

Alphabetisches Register

Umwelthinweis	Dieses Buch und der Schutzumschlag wurden auf chlorfrei gebleichtem Papier gedruckt. Die Einschrumpffolie – zum Schutz vor Verschmutzung – ist aus umweltfreundlicher und recyclingfähiger PE-Folie.
Hinweis	Wenn Sie Anregungen, Vorschläge oder Fragen zu unseren Büchern haben, rufen Sie uns an (05 21) 52 06 42 oder schreiben Sie uns: Ceres Verlag Am Bach 11 33602 Bielefeld
Wir danken für die freundliche Unterstützung	RÖMERTOPF Keramik GmbH, Ransbach-Baumbach Gabriele Fiedler PR, Hamburg Frau Antjes Feinschmecker-Studio, Aachen

Redaktion	Eva-Maria Dammeier
Fotos Titelfoto	Thomas Diercks, Hamburg
Innenfotos	Hans-Joachim Schmidt, Hamburg Bernd Wohlgemuth, Hamburg Thomas Diercks, Hamburg Christiane Prieß, Borgholzhausen CMA, Bonn Redaktion City Food & Foto, Hamburg Springer Syndication, Hamburg
Grafisches Konzept Gestaltung	Björn Carstensen, Hamburg Kontur Design, Bielefeld
Titelgestaltung	Kontur Design, Bielefeld
Reproduktionen	Omnia Scanners, Mailand, Italien
Satz	Typografika, Bielefeld
Druck	Mohndruck Graphische Betriebe GmbH, Gütersloh

ISBN 3-7670-0221-3